Schriftenreihe

zur Praxis der Leibeserziehung

und des Sports

BAND 118

D1735779

DIDAKTISCH-METHODISCHE MODELLE FÜR DIE SCHULPRAXIS
GRUNDLEGUNG – PLANUNG – ERPROBUNG – AUSWERTUNG

Band 63
Modellbeispiel I:
Einführung des Basketballspiels in einer Koedukationsklasse nach epochalem Unterrichtsprinzip
Peter Schünemann unter Mitarbeit von Karl Koch

Band 67
Modellbeispiel II:
Circuittraining im obligatorischen Unterricht einer Koedukationsklasse
Horst Graunke unter Mitarbeit von Karl Koch

Band 71
Modellbeispiel III:
Untersuchungen zur Lernplanung und Lernkontrolle in den Sportspielen
Eine exemplarische Untersuchung am Volleyball-Anfängerunterricht in der Schule
Prof. Dr. Herbert Hartmann

Band 76
Modellbeispiel IV:
Einführung des Handballspiels im 5. Schuljahr
Peter Roes unter Mitarbeit von Karl Koch

Band 90
Modellbeispiel V: PRIMARSTUFE
Entwicklung koordinativer Fähigkeiten und motorische Fähigkeiten
Marianne Gerken / Peter Döring / Hartmut Fanslau

Band 104
Modellbeispiel VI: SEKUNDARSTUFE I
Einführungsmodelle und Spielreihen für Sportspiele
Karl Koch (Hrsg.) / Uwe Beckmann / Jutta Lindemann / Josef Schreiberhuber

Band 114
Modellbeispiel VII: PRIMARSTUFE
Leichtathletik in der Primarstufe
Karl Koch (Hrsg.) / Sabine Harder / Karla König /
Sabine Willmann / Ursula Weber

DIDAKTISCH-METHODISCHE MODELLE FÜR DIE SCHULPRAXIS
GRUNDLEGUNG — PLANUNG — ERPROBUNG — AUSWERTUNG

Modellbeispiel VIII | SEKUNDARSTUFE I

Lernhilfen in der Lehrweise des Volleyballspiels

Erfahrungen und Ergebnisse aus einem Unterrichtsversuch,
durchgeführt in einem Wahlpflichtkurs
an einer Volks- und Realschule

Gerhard Paap

Verlag Karl Hofmann   7060 Schorndorf

CIP-Kurztitelaufnahme der Deutschen Bibliothek

Didaktisch-methodische Modelle für die Schulpraxis:
Grundlegung, Planung, Erprobung, Auswertung.
— Schorndorf: Hofmann.
(Schriftenreihe zur Praxis der Leibeserziehung und des Sports; . . .)
Modellbeispiel 8: Sekundarstufe I. → Paap, Gerhard:
Lernhilfen in der Lehrweise des Volleyballspiels

Paap, Gerhard
Lernhilfen in der Lehrweise des Volleyballspiels: Erfahrungen u. Ergebnisse aus
e. Unterrichtsversuch, durchgeführt in e. Wahlpflichtkurs an e. Volks- u. Realschule.
— 1. Aufl. — Schorndorf: Hofmann, 1978.
(Didaktisch-methodische Modelle für die Schulpraxis; Modellbeispiel 8:
Sekundarstufe I)
(Schriftenreihe zur Praxis der Leibeserziehung und des Sports; Bd. 118)
ISBN 3-7780-9181-6

Bestellnummer 918

Zeichnungen: Ursula Düse
Fotos: Vom Verfasser
Lehrbildreihen: K. Herzog, Dülmen (jetzt Philippka-Verlag, Ewerswinkel)

Erschienen als Band 118 der „Schriftenreihe zur Praxis der Leibeserziehung und des Sports"
Redaktion: Karl Koch, Hamburg

Gesamtherstellung in der Hausdruckerei des Verlags
Printed in Germany · ISBN 3-7780-9181-6

Inhalt

5

Vorwort

Das Volleyballspiel hat zunehmend in den Schulen aller Typen Verbreitung gefunden. Um die Effektivität der Lernprozesse beim Erwerb grundlegender Fertigkeiten und Verhaltensweisen zu erhöhen, sind in der Fachliteratur Lernhilfen der verschiedensten Art empfehlend vermerkt. Sie auf ihre Brauchbarkeit zu überprüfen — und zwar im Anfängerunterricht unter den realen Bedingungen des Situationsfeldes Schule — ist die wesentliche Zielstellung des nachfolgend dargestellten Unterrichtsversuches. Erfahrungen und Ergebnisse findet der Leser nicht nur in den Reflexionen zu den einzelnen Lernschritten, sondern auch in bezug zur Verwendungsfähigkeit in der Arbeit mit Schülern in der Schlußbetrachtung.

Darüber hinaus stellen die Analyse der Unterrichtsvoraussetzungen, Planung, Lernzielformulierungen, Durchführung und Lernerfolgskontrollen in Reflexion des lerntheoretischen Ansatzes zur Konzeption von Unterrichtsvorhaben einen möglichen und variablen Modellrahmen zu Versuchen unter ähnlichen Intentionen in allen Sportspielen dar. Das um so mehr, als in mehreren Bundesländern auch in den Volks- und Realschulen der Kursunterricht in der Sekundarstufe I empfohlen wird.

Der Unterrichtsversuch wurde in ausführlichen Gesprächen mit den Schülern, in denen auch übergreifende Themen angesprochen wurden (z. B. Rolle des Volleyballspiels in der Freizeitgestaltung, Rolle des Spiels im Leistungssport u. a. m.), vorbereitet.

Wir danken dem Philippka-Verlag für die Nachdruckgenehmigung von Teilen der dort erschienenen Lehrbildreihen.

Karl Koch
Redaktion der Schriftenreihe

Einleitung

Mehr und mehr baut auch der moderne Sportunterricht auf curriculare Modellvorstellungen auf und integriert lerntheoretische Aspekte in die Planung und Gestaltung des Unterrichts, auch wenn die Verfahren zur Entscheidung, Beschreibung, Realisierung und Überprüfung der Lernziele z. T. erst in Ansätzen entwickelt sind oder noch ganz fehlen. Diese Entwicklung ist in der Fachdidaktik schon relativ weit fortgeschritten. Die allgemeine Praxis des Sportunterrichts konnte mit dieser Wandlung nicht immer Schritt halten, obwohl Fragen nach der Bedeutung der Lernziele und der systematischen methodischen Planung des Unterrichts auch hier bereits verstärkt in den Vordergrund getreten sind.

Eine umfassende direkte Umsetzung curricularer Verfahren und wissenschaftlicher lerntheoretischer Prinzipien ist auch in diesem Unterrichtsversuch nicht möglich, die neueren fachdidaktischen Ansätze bilden aber zumindest einen groben Orientierungsrahmen für die Planung des Unterrichtsversuchs.

Unter curricularem Aspekt wird die gesellschaftliche Dimension des Phänomens Sport zum Ausgangspunkt der Lernzielentscheidung. „Sport ist wesentlicher Bestandteil unserer gesellschaftlichen Wirklichkeit"[1]. Untersuchungen haben gezeigt, daß die aktive sportliche Betätigung innerhalb des Freizeitverhaltens der Gesamtbevölkerung nur eine geringe Rolle spielt. „Nur 8 % der Bevölkerung gaben 1963 an, mindestens einmal wöchentlich Sport zu treiben"[2]. Dagegen hat Sport für 48 % der Bevölkerung als passive, medienvermittelte Teilnahme an sportlicher Show vor allem über das Fernsehen eine große Bedeutung[3]. Zwar haben sich diese Zahlen in den letzten Jahren durch die Propagierung des Ausgleichssports (wie etwa durch die „Trimm-dich"-Aktion) sicherlich verschoben, grundsätzlich sind aber die passiven sportlichen Aktivitäten im Freizeitverhalten weiterhin vorherrschend. Hinsichtlich der Ausgleichssportaktionen ist anzumerken, daß sie oft nur kurzfristig und punktuell Bewegungsbedürfnisse befriedigen können und den kontinuierlichen Bedarf an körperlicher und sozialer Betätigung nicht abdecken, der in unserer Industriegesellschaft subjektiv oft nicht mehr wahrgenommenen, aber objektiv vorhanden ist[4]. Folgt man den ermittelten Rangskalen der Freizeitaktivitäten im Hinblick auf Beliebtheit und Häufigkeit der Ausübung, so fällt auf, daß die Ballspiele nach „volkstümlichen" sportlichen Betätigungen wie Schwimmen und Wandern am weitestgehenden den Interessen der Bevölkerung entsprechen. Geht man davon aus, daß der Sport eine besonders wertvolle Freizeitaktivität ist, durch die Grundbedürf-

---

[1] Freie und Hansestadt Hamburg. Behörde für Schule, Jugend und Berufsbildung (Hrsg.): Richtlinien und Lehrpläne, Band III Sport. Hamburg 1973, 3.

[2] LÜDTKE, H.: Freizeit in der Industriegesellschaft (Hrsg.: Landeszentrale für politische Bildung, Hamburg). Hamburg 1975, 55.

[3] Ebd.

[4] Auf diese Problematik kann hier nicht näher eingegangen werden.

nisse nach Gesunderhaltung, Bewegung, Spaß, Spiel und Kommunikation befriedigt werden können, so wird es in Zukunft vermehrt darauf ankommen, durch interessengemäße sportliche Angebote eine größere Zahl von Menschen zur aktiven Teilnahme am Sport zu motivieren.

Der Schule kommt in dieser Hinsicht eine besondere Bedeutung zu, weil sie nicht nur die Aufgabe hat, Grunderfahrungen im Bereich der körperlichen Bewegungen zu vermitteln und zur Gesunderhaltung der Schüler im Kinder- und Jugendalter beizutragen, sondern auch Grundlagen im Bereich der Freizeiterziehung schaffen muß.

Für das Fach Sportunterricht hat diese Aufgabe folgende Konsequenzen: Sportunterricht sollte vor allem in der Oberstufe an den Neigungen und Interessen der Schüler ausgerichtet werden und sie auch in diesem Fach zu größerer Selbständigkeit, Eigeninitiative und Mitbestimmung befähigen. Dies bedeutet auch, daß die Schüler in die Planung des Unterrichts einbezogen werden im Sinne projektorientierten Unterrichts, der Bezüge zu anderen Fächern herstellt und aufgreift.

Indem im Sportunterricht Sportarten betrieben werden, die geeignet sind, auch langfristige Motivationen zur sportlichen Betätigung der Schüler nach ihrer Schulzeit zu vermitteln, entspricht er schulischen Aufgaben der Freizeiterziehung.

Das Volleyballspiel gehört zu den Ballspielen, die in den letzten Jahren immer mehr das Interesse der Schüler gefunden haben. Dieses Spiel, entstanden als Ausgleichs- und Freizeitspiel und andererseits als olympische Disziplin inzwischen auch Hochleistungssport, bietet vielfältige Möglichkeiten des Spiels auf verschiedenen Niveaustufen, obwohl es durch seine schwierigen Techniken und komplexen Handlungsabläufe einen längeren Lernprozeß erfordert als Fußball oder Handball. Demgegenüber ist es aber dadurch für den schulischen Sportunterricht geeignet, daß die materialen Voraussetzungen für das Spiel leicht zu schaffen sind und viele Schüler gleichzeitig spielen und üben können. Das Volleyballspiel ist unter schulischen Bedingungen kaum soweit zu entwickeln, daß die vielfältigen Möglichkeiten des Spiels voll ausgefüllt werden. Erst durch zusätzliche schulische Angebote in Neigungskursen und durch die Kooperation mit Sportvereinen kann ein Spielniveau erreicht werden, das die spezifischen Reize des Spiels ganz entfaltet. Insofern ist das schulische Volleyballspiel von vornherein nach außen gerichtet.

Die Einführung des Volleyballspiels in einem Wahlpflichtkurs erfordert eine besonders genaue Planung unter Berücksichtigung der Voraussetzungen der Schüler, der Sachstruktur des Spiels, der lerntheoretischen Grundlagen sowie der geeigneten Vermittlungsformen. Dabei ist der Hauptaspekt dieses Unterrichtsversuches auf die *Entwicklung und praktische Erprobung funktionaler Lernhilfen* gerichtet, weil dieser Bereich innerhalb der methodischen Maßnahmen von wesentlicher Bedeutung für den Lernerfolg bei dem gerade für Anfänger schwierigen Volleyballspiel ist.

Die Frage, inwieweit geeignete *Lernhilfen* zur Beschleunigung des Lernprozesses beitragen können, kann im Rahmen dieser Arbeit nicht exakt beantwortet werden, weil keine Vergleichswerte vorliegen und keine Kontrollgruppe organisiert werden konnte. Die Reflexion des Einsatzes der Lernhilfen wird deshalb vorwiegend auf der Grundlage von praktischen Erfahrungen aus der Arbeit mit der Kursgruppe zu leisten sein.

Entsprechend der Orientierung auf den curricularen Ansatz beginnt die *Planung des Unterrichtsvorhabens* mit der Analyse der Voraussetzungen (anthropogene und sozialkulturelle Voraussetzungen, Sachanalyse). Nach der Festlegung der Lernziele werden die didaktisch-methodischen Entscheidungen getroffen. Im Kapitel: Durchführung des Unterrichtsprojekts werden stundenweise nacheinander dargestellt: das Thema der Hauptaufgabe, die Feinlernziele, die Stundenentwürfe bzw. -durchführung und die Reflexion des Lernhilfeneinsaztes. Abschließend sollen die Ergebnisse der Lernerfolgskontrolle und die Erfahrungen bei der Durchführung zusammengefaßt werden.

A. Voraussetzungen

1. ANTHROPOGENE UND SOZIAL-KULTURELLE VORAUSSETZUNGEN

Die Schüler und Schülerinnen dieses Oberstufenkurses sind zwischen 13 und 16 Jahren alt. Die Bewegungsleistung von Jugendlichen dieser Altersgruppe wird allgemein durch folgende sensomotorische Merkmale gekennzeichnet[5]:

Die 13- bis 14jährigen Jungen besitzen Leistungsmotorik und beherrschen dynamische Simultankopplungen bei geringer Folgenzahl. Schnelle reaktive Zugriffe der Peripherie sind generell noch nicht möglich. Die 15- bis 16jährigen Jungen verfügen über reaktive Sensomotorik und beherrschen mehrere Bewegungsfolgen mit hoher Geschwindigkeit und dynamischer Kopplung der Peripherie. Einschränkungen sind durch individuelle Grenzen gegeben. Leistungsmotorik ist auch bei den 13- bis 16jährigen Mädchen vorauszusetzen. Beherrscht werden außerdem dynamisch großräumige Bewegungen, Einschränkungen sind durch geschlechtsspezifische Grenzen gegeben.

Bezüglich der spezifischen Bewegungsanforderungen durch das Volleyballspiel ist davon auszugehen, daß zum einen keine geschlechtsspezifischen Einschränkungen gegeben sind, daß aber andererseits zumindest einige jüngere Jungen und Mädchen an individuelle Leistungsgrenzen stoßen werden.

Trotz der heterogenen Zusammensetzung der Gruppe in bezug auf das Lebensalter und den spezifischen Problemen der Koedukation im Sportunterricht läßt sich von einer generellen Homogenität in der allgemeinen motorischen Leistungsfähigkeit der Schüler sprechen. Sowohl die allgemeine sensomotorische wie auch die sachspezifische Begabung der Schüler ist unterdurchschnittlich. Nach den Ergebnissen des Eingangstests sind bei fast allen Schülern mangelnde Voraussetzungen in den motorischen Bereichen: Schnelligkeit—Gewandtheit und Beweglichkeit—Dehnfähigkeit vorhanden[6]. Dieses Testergebnis wird auch durch die Erfahrungen bei einer fünfwöchigen Einführungsunterrichtseinheit bestätigt.

Der Wahlpflichtkurs Volleyball des Schulhalbjahres 1975/76 besteht aus 21 Schülern der Klassen H 8 bis R 10, 8 Mädchen und 13 Jungen. Der Kurs wurde zu Beginn des Schuljahres neu zusammengestellt. Zu dieser Zeit hatten bis auf zwei Mädchen noch kein Schüler Erfahrungen mit dem Volleyballspiel gemacht. Vor der

---

[5] Vgl. KOCH, K./MIELKE, W.: Die Gestaltung des Unterrichts in der Leibeserziehung, Teil I. Schorndorf 1974[4], 84.

[6] Vgl. die Testauswertung unter VI.1. Als Ausgangs- und Orientierungswerte wurden angesetzt:
a) im Japan-Test: 14 sec (Quelle: eigene Messungen von gleichaltrigen Vereinsspielern);
b) im Rumpfbeugetest: 20 cm (Quelle: KINDERMANN, M.: Test- und Leistungskontrolle beim Volleyball. In: ANDRESEN, R., Volleyball, Band 13. Berlin 1975, 120.

Durchführung dieses Projekts haben die Schüler in einer fünfwöchigen Einführungseinheit erste Bewegungserfahrungen in vorbereitenden Übungen und Spielen gesammelt.

Die soziale Herkunft der Schüler wurde nicht untersucht. In der Kursgruppe dominieren die Hauptschüler.

Als wichtigste äußere Voraussetzung des Unterrichts ist die Organisationsform Wahlpflichtkurs zu nennen. Sie bedingt eine Reihe von Auswirkungen, die hier kurz dargestellt werden sollen:

— Problem Kurswahl: hier läßt sich eine weitgehend positive Grundeinstellung und große Lernbereitschaft bei den Schülern beobachten, die den Kurs als Erstwunsch gewählt haben, jedoch eine geringe Motivation bei denen, die den Kurs belegen mußten, weil alle anderen Kurse bereits belegt waren.

— Problem Zusammensetzung des Kurses: hier ist von besonderer Bedeutung, daß die Schüler aus fünf verschiedenen Klassen kommen und in dieser Zusammensetzung nur für eine Doppelstunde in der Woche zusammen sind. Die unterschiedlichen Erfahrungen der Schüler aus den jeweiligen Klassen bedingen unterschiedliche Lern- und Kooperationsbereitschaft.

— Größe der Gruppe: die Organisationsform Kursunterricht ermöglicht eine günstige Gruppengröße. Dadurch können Frustrationen durch Leerlauf im Unterricht leichter vermieden werden. Außerdem ist erfahrungsgemäß mit einer verminderten Anwesenheitsquote zu rechnen.

Bei dem bisherigen Unterricht hat sich herausgestellt, daß sich die mit der heterogenen Zusammensetzung der Gruppe verbundenen Probleme generell nicht negativ auf die Arbeit auswirken. Es hat weder eine ‚Cliquenbildung‘, noch besondere Disziplinprobleme gegeben. Die Kooperationsbereitschaft war im allgemeinen groß, aggressives Verhalten kam fast nicht vor.

Die materialen Voraussetzungen für den Unterricht sind als gut zu bezeichnen. In der Halle besteht die Möglichkeit zum Aufbau von zwei Kleinfeldern mit einlaßbaren Netzpfosten. Lediglich die Hallendecke ist etwas zu niedrig. Der Kursgruppe stehen bei den Übungsstunden Bälle in ausreichender Anzahl zur Verfügung, da der Bestand bei Bedarf durch private Bälle ergänzt werden kann. Ebenso sind einige Voraussetzungen für den Einsatz von Lernhilfen gegeben (Filmprojektor und Geräte), andere Materialien (z. B. Klebeband, Reihenbilder und Spieltafeln) müssen dagegen von außerhalb beschafft werden.

2. SACHANALYSE

2.1 Der Spielgedanke

VOLLEYBALL, ein ‚großes Sportspiel‘, gehört zur Gruppe der Rückschlagspiele, die in Mannschaften gespielt werden.

Zwei Mannschaften mit je 6 Spielern (und maximal je 6 Auswechselspielern) spielen, voneinander durch ein 2,20 bis 2,43 m hohes Netz getrennt, auf einem 9 mal 18 m großen Spielfeld gegeneinander um Punkt-, Satz- und Spielgewinn. Ohne direkte körperliche Auseinandersetzung wird versucht, den Ball so zurückzuschlagen, daß ihn der Gegner nicht erreicht und der Ball im gegnerischen Spielfeld zu Boden fällt. Dabei sind maximal 3 Ballberührungen (von mindestens zwei verschiedenen Spielern) innerhalb einer Mannschaft zulässig, dann muß der Ball ins gegnerische Spielfeld gespielt werden.

Berührt der Ball das gegnerische Feld oder macht der Gegner einen Fehler, so kommt es zum Punktgewinn bzw. zum Aufgabewechsel (nur die Mannschaft, die das Aufgaberecht hat, kann Punkte erzielen). Bekommt eine Mannschaft das Aufgaberecht neu zuerkannt, wechseln alle Spieler ihre Position auf dem Spielfeld (Rotation in Uhrzeigerrichtung), so daß jeder Spieler einer Mannschaft auf jeder Position des Feldes zum Einsatz kommt. Hat eine Mannschaft 15 Punkte erreicht (und mindestens 2 Punkte Vorsprung vor dem Gegner), so hat sie einen Satz gewonnen, drei gewonnene Sätze bedeuten Spielgewinn.

Das Spiel wird durch ein Schiedsgericht geleitet, das die Einhaltung der Spielregeln überwacht und insbesondere über die reguläre Anwendung der Technik entscheidet[7].

2.2 Die Spielstruktur

2.2.1 Allgemeine Merkmale des Volleyballspiels

Das Volleyballspiel ist einerseits durch das oben beschriebene Motiv (zentraler Spielgedanke), andererseits durch einen Komplex spezifischer Handlungen im „Beziehungsgefüge: Spieler—Mitspieler—Gegenspieler—Spielraum—Spielgerät"[8] definiert. Diese komplexen spezifischen Handlungen sind analytisch in vier Komponenten aufteilbar:

— physisch-konditionelle Komponente,
— motorisch-technische Komponente,
— psychisch-geistige Komponente,
— sozial-affektive Komponente.

Im folgenden sollen die wichtigsten Merkmale des Volleyballspiels im Hinblick auf diese Komponenten dargestellt werden.

Merkmal der *physisch-konditionellen Komponente* ist die allseitige Belastung und Entwicklung der körperlichen Fähigkeiten. Die Spieler müssen laufen (insbes. kurze schnelle Läufe von 3—4 m), springen (insbes. beidbeiniges Hochspringen) und den Ball schlagen (mit Armen, Händen und Fingerspitzen). Eine besondere konditionelle Belastung ist jedoch im Gegensatz zu anderen Spielen nicht gegeben.

Merkmale der *motorisch-technischen Komponente* sind die azyklischen Bewegungsabläufe, die schwierige Koordination von Bewegungskombinationen, die relative Ungebundenheit der Bewegungen (es gibt in fast jeder Spielsituation mehrere motorisch-technische Lösungsmöglichkeiten), die hohe Präzision der Ausführung und die außerordentlich geringe Zeit der Ballführung.

---

[7] Vgl. für nähere Regelangaben: Deutscher Volleyball-Verband (Hrsg.), Internationale Volleyball-Spielregeln. Schorndorf 1975[12].

[8] Döbler, H.: Abriß einer Theorie der Sportspiele (Manuskript für Fernstudenten der Deutschen Hochschule für Körperkultur, Leipzig). Berlin 1969, 31.

Merkmale der *psychisch-geistigen Komponente* sind die hohen Konzentrationsleistungen, die notwendigen optisch-motorischen Berechnungen, die Antizipation von Handlungsabsichten der Mitspieler oder des Gegners, die Notwendigkeit einer das Spiel begleitenden Kommunikation mit den Mitspielern und die Entwicklung von Spielstrategien.

Merkmale der *sozial-affektiven Komponente* sind die persönlichkeits- und gemeinschaftsbildenden Prozesse, die Entwicklung der Einstellungen der Spieler im Hinblick auf: den eigenen Willen, das Verhalten zur eigenen Mannschaft (Kooperation) und das Verhalten zum Gegner sowie zum Schiedsrichter.

In der realen Spielhandlung stehen die genannten Komponenten in unmittelbarem Zusammenhang, eine Klärung der Struktur des Volleyballspiels nur aus einer Beschreibung der Grundelemente der Technik und Taktik ist daher nicht ausreichend. Trotzdem ist gerade im Hinblick auf die methodischen Entscheidungen eine herausgehobene genauere Beschreibung der elementaren Bewegungsabläufe notwendig. Im Anschluß daran soll versucht werden, ein Grundmodell der Spielhandlungen des Volleyballspiels zu entwickeln, um wesentliche inhaltliche Orientierungspunkte zu gewinnen.

2.2.2 Die Elementarbewegungen

Charakteristisch für die Techniken des Volleyballspiels ist das Schlagen bzw. Stoßen des Balles mit Armen, Händen bzw. Fingerspitzen und gleichzeitigen Körperbewegungen (meistens Streckungen). Entscheidend ist dabei, daß die Ballberührungen nur für Bruchteile von Sekunden andauern dürfen, ein längeres Führen und Halten des Balles, das Korrekturen ermöglichen würde, ist nach den Spielregeln verboten.

Folgende Elementarbewegungen kommen im Volleyballspiel vor:
aufgeben,
baggern (unteres Zuspiel),
pritschen (oberes Zuspiel),
schmettern,
blockieren.

Auf eine Beschreibung des Blockierens kann im Rahmen dieser Arbeit verzichtet werden, weil diese technische Form im Unterrichtsversuch nicht vorkommt.

Im Hinblick auf den zeitlichen Ablauf lassen sich die Elementarbewegungen des Volleyballspiels in vier Phasen einteilen:

1. Vorbereitung,
2. Körperhaltung direkt vor der Ballberührung,
3. Körperhaltung während der Ballberührung,
   Impulsgebung zur Ballberührung,
   Ballberührung mit dem entsprechenden Körperteil,
4. Körperhaltung nach der Ballberührung.

Für die Beschreibung der Bewegungsabläufe wird eine tabellarische Form gewählt, um eine größere Übersichtlichkeit zu gewährleisten.

	Elementarbewegungen in der Grobform			
PHASE	aufgeben(Rechtshänder)	baggern	pritschen	schmettern
VORBEREITUNG	Aufstellung hinter der Grundlinie	Einschätzung der Flugbahn des Balles rechtzeitige Einnahme der Abspielposition	Einschätzung der Flugbahn des Balles rechtzeitige Einnahme der Abspielposition	Einschätzung der Flugbahn des Balles rechtzeitiger Beginn des Anlaufs (2-3m vom Netz)
VOR DER BALL-BERÜHRUNG	offene Schrittstellung frontal zum Netz, linkes Bein vor, Knie leicht gebeugt, Ball wird mit der linken Hand bei fast gestrecktem Arm vor der rechten Körperseite senkrecht hochgeworfen, der rechte Arm schwingt nach hinten zur Aushol-bewegung zurück,	tiefe Grätschschritt-stellung mit stark gebeugten Knien,Körpergewicht gleichmäßig auf beiden Beinen, Schultern vorgestreckt und in den Gelenken fixiert, Arme vollständig gestreckt weit vor dem Körper, Unterarme liegen dicht beeinander,die Innenseiten nach oben, Hände locker ineinander, Blick in die Abspielrichtung	Grätschschrittstellung mit gebeugten Knien, Körpergewicht gleichmäßig auf beiden Beinen, Arme gebeugt,Hände in Stirnhöhe,leicht zueinander gedreht und geöffnet,leicht gespreizt, Blick in die Abspielrichtung	Anlauf: 2-3 Schritte,letzter Schritt: flacher und langer Stemmschritt Absprung: während des Stemmschritts schwingen die Arme nach hinten,Beine stark beugen,Arme schwingen kräftig an den Oberschenkeln vorbei nach oben, nach dem Nachziehen des 2. Fußes Absprung mit beiden Beinen gleichzeitig, fast senkrecht hoch mit wenig Vortrieb Ausholen: der linke Arm schwingt hoch,der rechte wird angewinkelt(Hand am Ohr,Ellenbogen nach hinten) der Körper geht in eine Bogenspannung
BALLBERÜHRUNG -Impuls aus:	Armschwung und Fußgelenken,Knien,Hüfte (Körperstreckung)	Hüfte,Knien und Fußgelenken (Körperstreckung)	Fingern,Handgelenken, Ellenbogen,Hüfte,Knien und Fußgelenken (Körperstreckung)	Streckung des Rumpfes, Absinken des Gegenarmes
-mit:	Innenhandfläche (offen und angespannt) oder: oberer Handkante bei angelegtem Daumen, Handgelenk fixiert, fast gestreckter Arm	beiden Unterarmen oberhalb der Handgelenke (kein Armschwung!)	Innenflächen der Fingerspitzen (vor allem durch Daumen und Zeigefinger wird der Ball in seiner Geschwindigkeit abgestoppt und durch elastisches Federn der Finger nach oben gestoßen)	Innenhandfläche (Finger aneinandergelegt und leicht angespannt) (Armzug bis zur Streckung in eine 'vor-hoch-Position' wird umgesetzt in ein Abknicken des Handgelenks)
NACH DER BALLBERÜHRUNG	Schlagarm schwingt dem Ball nach, rechtes Bein schwingt vor (einen und dann mehrere Schritte ins Feld)	Körperstreckung in Abspielrichtung	Körperstreckung in Abspielrichtung,insbes. die Hände und Arme werden dem Ball in Flugrichtung nachgeführt	Beugung des Körpers in der Hüfte, elastische weiche Landung auf beiden Beinen

2.2.3 Die Spielhandlungen des Volleyballspiels

Ausgangspunkt für die Beschreibung der Spielhandlungen sind zum einen die elementaren taktischen Grundlagen des Spiels, zum anderen die psychologischen Aspekte in den Interaktionsbeziehungen der Spieler.

Die Taktik des Volleyballspiels gliedert sich in die individuelle und in die mannschaftsbezogene Taktik, beide Aspekte sind eng miteinander verbunden. Die individuelle Taktik zielt auf die „... zweckmäßige Anwendung der technischen Fertigkeiten durch den einzelnen Spieler, den zielgerichteten Einsatz der Technik und Berechnung der Reaktionen des Gegners"[9], d. h. die optimale technische Lösung der entsprechenden Spielsituation.

---

[9] FIEDLER, M. u. a.: Volleyball. Berlin 1969, 15.

Die Mannschaftstaktik ist „... die Gesamtheit der individuellen und kollektiven Angriffs- und Verteidigungsverfahren, die auf Grundlage der Spielregeln der Kampfesweise des Gegners und den vielfältigen Spielbedingungen angepaßt werden und mit deren Hilfe die Konzeption der Spielgestaltung realisiert werden soll, um ein optimales Ergebnis zu erreichen"[10]. Die taktischen Elemente werden in Spielhandlungen realisiert. Wir unterscheiden zwischen drei Handlungsarten, die z. T. ineinander übergehen:

Zu den *Angriffshandlungen* gehören einerseits individuelle Aktionen wie das Aufgeben und jedes Spiel über das Netz zum Gegner (im Idealfall durch Schmettern), andererseits entsprechende Aktionen der Mannschaft (Einnahme der Aufstellung, Organisierung, Absprachen, Sicherung).

Zu den *Verteidigungshandlungen* gehören einerseits individuelle Aktionen der Abwehr der gegnerischen Aufgabe bzw. des Angriffs durch Baggern oder ggf. Pritschen, andererseits entsprechende Aktionen der Mannschaft (Einnahme der Aufstellung, Organisierung, usw.).

Zu den *Aufbauhandlungen* gehören einerseits individuelle Aktionen, die von den Verteidigungshandlungen zu den Angriffshandlungen überleiten, also Formen des Zuspiels innerhalb der Mannschaft durch Pritschen oder ggf. Baggern, andererseits entsprechende Aktionen der Mannschaft (Einnahme der Aufstellung, Organisierung, usw.).

Die hier schematisch beschriebenen Spielhandlungen werden in ihren beiden Aspekten (individuelle und kollektive Taktik) erst im vollen Umfang im Spiel fortgeschrittener Mannschaften realisiert.

Sie sind aber auch für die Spielformen der Anfänger von Bedeutung, weil jede Einführung eines Spiels auf die relevanten Strukturen des Zielspiels auszurichten ist. Grundlegendes Merkmal der Spielhandlungen im Hinblick auf ihre intrapersonellen Determinanten ist das dreigerichtete Bezugsverhältnis: handelnder Spieler—Mitspieler—Gegenspieler. Ein erfolgreiches Spiel hängt wesentlich auch davon ab, inwieweit die Spieler in der Lage sind, sich gegenseitig abzustimmen (Kommunikationsaspekt) zusammenzuarbeiten (Kooperationsaspekt) und das eigene Spiel auf das Verhalten des Gegners abzustimmen. Letzteres zielt auf die Antizipation der Handlungsabsichten des Gegners und die Entwicklung von Handlungsstrategien, die den Gegner täuschen. Diese komplexen Interaktionsbeziehungen werden im Spiel dieser Anfängergruppe noch nicht realisierbar sein und sich erst in Ansätzen entwickeln.

Zur Verdeutlichung soll folgendes Verlaufsschema der Spielhandlungen dienen, in dem der Ablauf der Aktionen der Mannschaften A und B von einem Ballwechsel zum nächsten beschrieben werden.

---

[10] FIEDLER, M. u. a.: a. a. O., 78.

	Mannschaft A		Mannschaft B	
ABLAUF DER SPIELHANDLUNGEN	individuelle Aktionen	kollektive Aktionen	kollektive Aktionen	individuelle Aktionen
1. ANGRIFFSHANDLUNG	aufgeben	Einnahme der Spielaufstellung	Beobachtung der gegnerischen Aufgabe	
2. VERTEIDIGUNGS-HANDLUNG			Einnahme der Annahmeaufstellung (Spieler korrigieren sich gegenseitig)	Annahme der Aufgabe: baggern (Paß auf Mitspieler)
3. AUFBAUHANDLUNG		Beobachtung des gegnerischen Aufbauspiels (Vorbereitung zur Abwehr)	Organisierung des Aufbauspiels, Stellungsspiel	Stellen: pritschen (Paß auf Angreifer)
4. ANGRIFFSHANDLUNG		Beobachtung des gegnerischen Angriffsspiels (Einleitung der Abwehr)	Organisierung des Angriffsspiels	Angriff: schmettern
5. VERTEIDIGUNGS-HANDLUNG	Abwehr des Schmetterschlags: baggern	Organisierung der Abwehr Einnahme der Verteidigungsaufstellung(Feldverteidigung)		
6. und weitere wie ab 3.	s.3.Mannschaft B			

19

B. Lernziele und Lernzielkontrollen

1. GROBLERNZIELE

Die Schüler sollen
— individuelle und gruppenbezogene Spiel- und Bewegungsbedürfnisse befriedigen;
— die Elementarbewegungen des Volleyballspiels in der Grobform in den spezifischen Spielhandlungen beherrschen;
— in Mannschaften Kleinfeldvolleyball spielen können und dabei soziale Verhaltensweisen üben, die den spezifischen sozialen Formen des Volleyballspiels entsprechen.

2. FEINLERNZIELE

2.1 Allgemeiner motorischer Bereich

Die Schüler sollen spezifische Eigenschaften
— der Kraft (insbes. Finger-, Arm-, Schulter- und Sprungkraft);
— der Schnelligkeit (insbes. Antritts- und Reaktionsschnelligkeit);
— der Ausdauer (insbes. Schnelligkeitsausdauer);
— der Gewandtheit (insbes. Beweglichkeit, Reaktionsfähigkeit, Körperbeherrschung im peripheren Bereich);
entwickeln, soweit sie für das Volleyballspiel im Kleinfeld erforderlich sind.

2.2 Technomotorischer Bereich

Die Schüler sollen die Grobform
— der Aufgabe (frontal, von unten);
— des Baggerns (im Stand, frontal und mit Richtungsänderung);
— des Pritschens (im Stand, frontal und mit Richtungsänderung);
— des Schmetterns (frontal, im Stand und im Sprung);
in den Spielhandlungen des Kleinfeldvolleyballspiels beherrschen.

2.3 Kognitiv/affektiver Bereich

2.3.1 Soziales Verhalten

Die Schüler sollen
— sich in einen Mannschaftsverband einordnen und bereit sein, bestimmte Rollen und Funktionen zu übernehmen;
— in der im Hinblick auf Leistungsfähigkeit und Geschlecht heterogen zusammengesetzten Gruppe kooperatives Verhalten üben;
— Konflikte und Ursachen von Konflikten erkennen und zur Möglichkeit der Lösung beitragen;

— ihre spiel- und unterrichtsbezogene Kommunikations- und Interaktionsfähigkeit verbessern, u. a. die Gestaltung des Unterrichts reflektieren und daran mitwirken.

2.3.2 Bewegungsvorstellungen
Die Schüler sollen
— Bewegungsvorstellungen der Elementarbewegungen des Volleyballspiels entwickeln und verbalisieren;
— entwickelte Bewegungsvorstellungen durch Selbst- bzw. Lehrerkritik oder durch den Vergleich mit Bildreihen, Fehlerbildern bzw. Filmen oder andere Lernhilfen korrigieren und weiterentwickeln;
— fremde Bewegungsabläufe beobachten, beurteilen und korrigieren.

2.3.3 Technische und taktische Kenntnisse
Die Schüler sollen
— technische und taktische Begriffe kennen und verwenden;
— taktische Aufgaben erfassen und ausführen;
— Spielsituationen erfassen und danach handeln.

2.3.4 Spielregeln
Die Schüler sollen
— elementare Spielregeln des Volleyballspiels kennen und einhalten;
— die Funktionen des Schiedsrichters erkennen und seine Entscheidungen anerkennen;
— selbständig — auch ohne Schiedsrichter bzw. Lehrer — spielen und Übungsspiele organisieren können.

2.3.5 Einstellungen zu Sport und Freizeit
Die Schüler sollen
— eine positive Einstellung zum Volleyballspiel gewinnen;
— lernen, die eigene Leistungsfähigkeit einzuschätzen;
— das Interesse und die Bereitschaft entwickeln, auch außerhalb der Institution Schule und über die Schulzeit hinaus, Sport zu treiben und ihn als sinnvollen Beitrag zur eigenen Freizeitgestaltung anzuerkennen.

3. PLANUNG DER LERNZIELKONTROLLEN

In den Sportspielen ist der Lernerfolg im Gegensatz zu anderen sportlichen Disziplinen durch die komplexen Spielhandlungen nicht ohne weiteres meßbar. Durch geeignete Tests können jedoch einige Teilaspekte der Spielhandlungen überprüft werden:
— die Entwicklung der technomotorischen Fertigkeiten;
— der Stand der Kenntnisse in Technik, Taktik und Regeln.

Daneben soll die Entwicklung des Spielhandlungsniveaus durch eine kontinuierliche Spielbeobachtung verfolgt werden. Diese Spielbeobachtung stützt sich weitgehend auf die Erfahrungen und Einschätzungen des Lehrers, ist also subjektiven Maßstäben unterworfen.

Die Entwicklung der technomotorischen Fertigkeiten wird durch einen Eingangstest (Test I)[11] zu Beginn und einen Endtest (Test II)[12] zum Abschluß des Projekts erfaßt. In beiden Tests wird der Leistungsstand im:

Pritschen (High-wall-Test)[13]

Aufgeben (Aufgabe-Test)[14]

Baggern (Bagger-Test)[15]

überprüft. Diese Testübungen sind so gestaltet, daß die Anwendung der technischen Fertigkeiten möglichst weitgehend in Spielhandlungszusammenhängen erfolgt. Im Eingangstest sollen außerdem die Voraussetzungen der Schüler in den für das Volleyballspiel besonders wichtigen motorischen Bereichen:

Schnelligkeit — Gewandtheit (Japan-Test)[16]

Beweglichkeit — Dehnfähigkeit (Rumpfbeuge-Test)[17]

erfaßt werden.

In Test II wird wiederum der Leistungsstand in den Testübungen Pritschen, Aufgeben, Baggern überprüft und als Teil 2 ein Informationstest vorgenommen. In diesem Teil sollen die Schüler ihre Kenntnisse in folgenden Bereichen schriftlich wiedergeben[18]:

Bewegungsvorstellungen der Elementartechniken

Aufstellungsformen im Kleinfeldvolleyball

Spielregeln.

Um Zufallsergebnisse auszuschließen, haben die Schüler bei den Testübungen zwei Versuche, aus denen der Mittelwert gebildet wird. Um vergleichbare Werte zu erhalten, übertragen wir die Mittelwerte auf eine 100er-Skala, wobei 100 Punkte sehr guten Schülerleistungen entsprechen würden[19].

---

[11] Vgl. Testbogen im Anhang unter 1., Test I.

[12] Vgl. Testbögen im Anhang unter 1., Test II.

[13] Dieser Test wurde mit leichten Abwandlungen übernommen aus: HARTMANN, H.: Untersuchungen zur Lernplanung und Lernkontrolle in den Sportspielen. Schorndorf 1973.

[14] Wie bei Fußnote 13.

[15] Wie bei Fußnote 13. Hier besteht jedoch ein weitergehender Unterschied zu HARTMANN, da HARTMANN in ähnlicher Form die Fertigkeiten beim Hechtbagger überprüft. HARTMANNS Aufgabenstellung ist von Anfängern nicht zu erfüllen; u. E. ist sie nicht einmal von Leistungssportlern zu bewältigen!

[16] Vgl. Anmerkung 6 a). Quelle: KINDERMANN, M., a. a. O.

[17] Vgl. Anmerkung 6 b).

[18] Vgl. Testbogen im Anhang unter 1., Test II, Teil 2.

[19] Beim High-wall-Test: Mittelwert 30 = 100 Punkte.
Beim Aufgaben-Test: Mittelwert 20 = 100 Punkte.
Beim Bagger-Test: Mittelwert 20 = 100 Punkte.

C. Didaktisch-methodische Analyse

1. DIDAKTISCHE LEGITIMATION DER LERNINHALTE

Bewegungs-, Gesundheits- und Freizeiterziehung sind die drei Hauptaspekte des Sportunterrichts[20]. Sie sind einerseits an den Interessen und Bedürfnissen der Schüler, andererseits an den gesellschaftlichen Verhältnissen und Anforderungen ausgerichtet. In zunehmendem Maße zielt der Sportunterricht auf Inhalte und Formen, die sowohl auf die Entwicklung körperlicher Bewegungsfähigkeiten und sozialintegrativer Formen innerhalb der schulischen Bildung wie auf die sportliche Betätigung außerhalb der Institution und über die Schulzeit hinaus abzielen[21]. Eine einseitige Ausrichtung am Hochleistungssport ist damit ausgeschlossen. Der Sportunterricht kann einen wichtigen Beitrag zur Sozialisation der Schüler liefern, wenn neben der Vermittlung von Grunderfahrungen im körperlichen Bereich Aspekte der Kommunikation, Kooperation und normativen Orientierung bewußt in die Lernprozesse einbezogen werden. Diese Intentionen sind nur dann zu erreichen, wenn an die Motivation der Schüler angeknüpft und das Fach Sportunterricht nicht isoliert von anderen Fächern gesehen wird.

Die Sportspiele sind in besonderer Weise geeignet, die so allgemein definierten Richtziele des Sportunterrichts zu erreichen. In den Sportspielen kommt zur allseitigen Schulung der motorischen Fertigkeiten die Interaktion in Gruppen, die Vermittlung von sozialen Erfahrungen.

Innerhalb der Sportspiele kommt u. E. dem Volleyballspiel eine besondere Bedeutung zu, die sich aus dem — dem Spielgedanken entsprechenden — Prinzip der Fairneß und der hervorragenden Bedeutung des kooperativen Handelns innerhalb der Mannschaften ergibt. Die ausschließliche thematische Festlegung auf das Volleyballspiel während eines Schulhalbjahres im Kursbetrieb stützt sich vor allem auf die Neigungen der Schüler. Diese didaktische Ausrichtung ist aber andererseits auch auf die Intention gerichtet, Anstöße für außerschulische sportliche Aktivitäten der Schüler zu geben. Dies kann u. E. dann besonders erfolgversprechend sein, wenn die Motivation der Schüler in diesem speziellen Tätigkeitsbereich so weit gestärkt wird, daß sich die Interessen über die schulischen Angebote hinaus entwickeln. Die nähere thematische Eingrenzung auf das Kleinfeldvolleyballspiel basiert vor allem auf methodischen Entscheidungen, die im folgenden Kapitel dargestellt werden.

---

[20] Vgl. RÖSCH, H.-E./LAUTWEIN, T.: Praxis des Sportunterrichts. Freiburg 1973, 15 ff.
[21] Vgl. Freie und Hansestadt Hamburg ... Richtlinien und Lehrpläne. a. a. O., 3.

2. METHODISCHE ENTSCHEIDUNGEN

2.1 Zur Spiel- und Übungsreihe

Die Lehrweise des Volleyballspiels wird in der modernen Spielmethodik von Vermittlungsmodellen bestimmt, die Spiel- und Übungsreihen so miteinander verbinden, daß das Zielspiel schrittweise erlernt werden kann. Diese Konzeptionen sollen einerseits der Motivationslage der Schüler (starkes Spielbedürfnis), andererseits der Notwendigkeit gerecht werden, die technischen Elemente des Spiels intensiv zu üben, um überhaupt zu einem regulären Volleyballspiel zu kommen. Dieser Gegensatz zwischen Spielmotivation und der sachbedingten, isolierten Schulung von Teilelementen des Spiels wird in der modernen Volleyballspielmethodik mit unterschiedlich akzentuierten methodischen Modellen angegangen[22].

DÜRRWÄCHTER[23] reiht fünf Spielformen, die aufeinander aufbauen und die taktischen Standardsituationen des Zielspiels in immer größerem Ausmaß einbeziehen, zu einer Spielreihe. Die einzelnen Stationen dieser Spielreihe werden durch die Einführung der fünf Grundtechniken in entsprechenden Übungsreihen erreicht. Schwerpunkt dieses Modells sind die Einführungsspielformen, in denen spieltaktische Standardformen z. T. noch mit volleyballunspezifischen technischen Formen (werfen, auffangen) eingeübt werden. Nach der Stufung dieses Modells ist Kleinfeldvolleyball erst als vierte Spielform vorgesehen und die Einführung der technischen Formen erfolgt nacheinander mit großen zeitlichen Abständen. DÜRRWÄCHTER kommt mit dieser Konzeption zwar den Spielbedürfnissen insbesondere der jüngeren Schüler entgegen, sein Modell ist jedoch stark am Sportunterricht im Klassenbetrieb ausgerichtet und deshalb nicht ohne weiteres auf einen Volleyballkurs übertragbar.

VLEMINCKX/WITVROUW[24] gehen bei ihrem Vermittlungsmodell ebenfalls schrittweise vor. Anders als bei DÜRRWÄCHTER sind ihre Spielformen jedoch von Anfang an stärker am Zielspiel ausgerichtet. Sie verzichten auf die Zwischenformen DÜRRWÄCHTERS („Ball über die Schnur", „Volleyball mit Auffangen") und entwickeln ein Modell mit vier aufeinander aufbauenden Spielniveaustufen vom Kleinfeldspiel bis zum Zielspiel mit 6 Spielern im regulären Spielfeld. Daneben steht eine Systematik der Vermittlung des Übungsstoffes, der wiederum auf das jeweilige Spielniveau bezogen ist. Der entscheidende Unterschied zu DÜRRWÄCHTER besteht darin, daß VLEMINCKX/WITVROUW die Einführung der Elementartechniken (pritschen, baggern, aufgeben) bereits in der ersten Spielniveaustufe vornehmen und die technischen Formen in den folgenden Stufen parallel weiterentwickeln. Die anderen Angriffs- und Verteidigungstechniken werden ab der zweiten Stufe mit einbezogen.

---

[22] Auffällig ist, daß die meisten Volleyball-Lehrbücher nur nach der Sachstruktur systematisiert wurden. Lediglich DÜRRWÄCHTER hat im deutschsprachigen Raum eine schulunterrichtsgemäße Methodik vorgelegt.

[23] Vgl. DÜRRWÄCHTER, G.: Volleyball. Spielend lernen — spielend üben. Schorndorf 1975[6].

[24] Vgl. VLEMINCKX, J./WITVROUW, S.: Bewegingsopvoeding door Volleyball. Hrsg. vom Niederländischen Kultusministerium. Brussel 1969.

Ein solches Prinzip läßt sich aufgrund bestehender Voraussetzungen und Bedingungen auf die methodische Konzeption dieses Unterrichtsversuches übertragen. Dementsprechend beginnt die *Spiel-/Übungsreihe*, die dem Volleyballkurs zugrunde gelegt wird, mit einfachen Formen des Kleinfeldspiels in der ersten Spielstufe (1:1, 2:2). Hier werden die drei Elementartechniken eingeführt. In der zweiten Stufe erweitern wir Spielerzahl, Feldgröße und Regeln (2:2, 3:3, 4:4). In dieser Stufe werden die Elementartechniken bis zur Beherrschung der Grobform in Spielhandlungszusammenhängen vertieft. Neu hinzu kommt eine erste Einführung in das Schmettern. In der dritten und vierten Stufe (nächster Halbjahreskurs) findet die Überleitung zum Zielspiel mit 6 Spielern über eine Verkürzung des regulären Spielfeldes statt. In der dritten Stufe soll das Schmettern in Spielhandlungszusammenhängen gelernt werden und eine Einführung in das Blockieren stattfinden. In der vierten Stufe werden alle technischen Elemente parallel unter den Bedingungen des regulären Spiels weiterentwickelt.

Dieser Unterrichtsversuch setzt mit dem Beginn der zweiten Stufe ein. Ausgangspunkt der weiteren methodischen Strukturierung dieser Stufe sind die unter Kap. II.2.2.3 beschriebenen Spielhandlungen. Auf der Grundlage des erreichten Spielniveaus sollen die Fähigkeiten der Schüler in sieben Schritten im Hinblick auf die elementaren Spielhandlungen entwickelt werden:

0. Beherrschte Spielhandlungen: direktes Zuspiel (pritschen, baggern) zum Gegner und Aufgeben in Zweiermannschaften mit mangelhafter technischer Ausführung;

1. Einführung bzw. Vertiefung der Angriffshandlung: Aufgeben;

2. Einführung und Systematisierung der Verteidigungshandlung: Abwehr der Aufgabe durch Baggern (als Paß zum Mitspieler);

3. Einführung der Aufbauhandlung: Stellen (Pritschen zum angreifenden Mitspieler);

4. Systematisierung des Zuspiels innerhalb einer Mannschaft im Hinblick auf die Aufbauhandlungen;

5. Einführung der Angriffshandlung: Schmettern;

6. Vertiefung der Angriffshandlung: Schmettern;

7. Systematisierung und Kopplung der erlernten Handlungsarten.

Diese sieben Schritte der Entwicklung der Spielhandlungen sind die Grundlage für den Aufbau des Unterrichtsprojekts. In folgendem Schema wird eine nähere Bestimmung der Spielformen (Mannschaftsgröße, erwartete Anzahl der Ballberührungen in einer Mannschaft, Anwendung technischer Formen und Feldgröße) und des Schwerpunkts der Schulung technischer Formen im Übungsteil der Stunden vorgenommen.

Neben der grundlegenden Entscheidung für eine Form der Stufung von Spiel- und Übungsreihen sind folgende methodische Aspekte des Unterrichts zu bestimmen:

Entwicklungs-stufe	Mannschafts- und Spiel-feldgröße	Anwendung technischer Formen im Spielablauf	erwartete Anzahl der Ballberühr.	Schulungs-schwerpunkt
1.	2 : 2 ---------- 9 x 3 m	reguläres aufgeben → Annahme durch pritschen oder baggern (überwiegend als direktes Spiel zum Gegner) →	1-2	aufgeben
2.	2 : 2 ---------- 9 x 3 m	reguläres aufgeben → Annahme durch baggern (als Paß zum Mitspieler) → Spiel zum Gegner →	2	Annahme: baggern
3.	3 : 3 ---------- 9 x 4,5 m	reguläres aufgeben → Annahme durch baggern (als Paß zum Mitspieler) → stellen (pritschen) → Spiel zum Gegner →	2-3	stellen: pritschen
4.	3 : 3 ---------- 9 x 4,5 m	reguläres aufgeben → Annahme durch baggern (als Paß zum Mitspieler) → stellen (pritschen) → Spiel zum Gegner (pritschen) →	3	Komplexübung-en mit 1.-3.
5.	4 : 4 ---------- 9 x 6 m	reguläres aufgeben → Annahme durch baggern (als Paß zum Mitspieler) → stellen (pritschen) → Angriff (Schmetterversuche) →	3	Angriff: schmettern
6.	4 : 4 ---------- 9 x 6 m	reguläres aufgeben → Annahme durch baggern (als Paß zum Mitspieler) → stellen (pritschen) → Angriff (schmettern) →	3	Angriff: schmettern
7.	4 : 4 ---------- 9 x 6 m	wie bei 6., zusätzlich Feldverteidigung	3	Komplexübung-en mit 1.-6.

— Die Lehreraktivitäten im Hinblick auf die Einleitung, Förderung und Korrektur der Lernprozesse;
— die Übungs- und Organisationsformen;
— der Stundenaufbau und die Maßnahmen der Unterrichtslenkung.

2.2 Zu den Lehreraktivitäten und Lernhilfen

Ausgehend von den o. a. spezifischen Problemen der Lehrweise des Volleyballspiels, dem Leistungsstand der Schüler und neueren Untersuchungen und Theorien über die Struktur und die Optimierung der sensomotorischen Lernprozesse[25] kommt dem methodischen Bereich der Lernprozeßsteuerung eine besondere Bedeutung zu. Die Struktur des sensomotorischen Lernprozesses erfordert hinsichtlich der Planung der Lehreraktivitäten vor allem die optimale Informationsaufarbeitung und die Bereitstellung von Soll-Werten (Führungsgröße) für den Prozeß der Rückkopplung bei der Umsetzung von Bewegungsvorstellungen. Diese Forderungen bedingen eine Ausrichtung des Unterrichts an der Entwicklung von Bewegungs- und Handlungsvorstellungen der Schüler und damit eine stärkere Betonung des kognitiven Aspekts im Lernprozeß. Entsprechend müssen auch alle praktischen Maßnahmen im Unterricht ausgerichtet werden, alle „Maßnahmen, die eine Bewegung ermöglichen, unterstützen und sichern..., (bzw.) der Korrektur und weiteren Ausformung einer Bewegung dienen"[26].

---

[25] Zu den verschiedenen Lernmodellen und der Bedeutung des sensomotorischen Modells vgl. KOCH, K. (Hrsg.): Motorisches Lernen — Üben — Trainieren. Schorndorf 1972, 30 ff.

[26] SÖLL, W.: Lernhilfen. Helfen und Sichern im Sportunterricht. In: KOCH, K., a. a. O., 180.

Der Prozeß der Einleitung sensomotorischen Lernens geschieht durch die Eingabe von Informationen (verbal, visuell, taktil). Es ist heute empirisch nachgewiesen, daß die Kombination von verbalen und visuellen Informationen wirksamer ist als die alleinige verbale oder visuelle Information[27]. Dementsprechend werden geeignete Medien als *Lernhilfen* herangezogen, um über die kognitiven Prozesse im Akt der Informationsverarbeitung die entsprechenden Bewegungsvorstellungen sach- und schülergemäß einzubringen. Folgende *Medien* werden als methodische Mittel eingesetzt und bei der Durchführung auf ihre praktische Eignung überprüft:

Bildreihen der Elementartechniken (zur Verdeutlichung und Veranschaulichung von Bewegungssequenzen[28];

Arbeitsstreifen (zur Verdeutlichung und Veranschaulichung von Spielhandlungen und dynamischen Bewegungsabläufen)[29];

Fehlerbilder der Elementartechniken (zur Veranschaulichung der Hauptfehler bei der Korrektur)[30];

Spieltafel mit Spielersymbolen (zur Veranschaulichung von Aufstellungsformen und -problemen)[31].

Im Hinblick auf die Umsetzung von Bewegungsvorstellungen können vor allem *indirekte Bewegungshilfen* den Lernprozeß beschleunigen, insbesondere bei einzelnen Bewegungs- und Handlungssequenzen. Herangezogen und erprobt wird der Einsatz von:

Geräten (Ball- und Netzvariationen, Zuspielziele, zur Beeinflussung der Ausgangsstellung von Bewegungen, Absprunghilfen);

Orientierungshilfen (Markierungen zur Raum- und Positionsfixierung, akustische Signale).

Außerdem werden *direkte Bewegungshilfen* bei der Einzelkorrektur gegeben.

Der praktische Einsatz der Lernhilfen steht unter dem Kriterium der Funktionalität, d. h. die einzelnen methodischen Maßnahmen müssen zum Lernziel führen, sach- und schülergemäß sein und Bewegungsfehler weitgehend ausschließen.

---

[27] Vgl. KOCH, K. (Hrsg.): Sportkunde. Schorndorf 1973, 206 f.

[28] Vgl. die Ablichtungen der eingesetzten Bildreihen im Anhang unter 2.1—2.3. Quelle: HERZOG, K., Volleyball. Bewegungsabläufe in Bildern (Hrsg. vom „Team-L-Volleyball). Dülmen 1975.

[29] Folgende Arbeitsstreifen wurden gezeigt:
Übungsverbindungen: Aufgeben — Annehmen — Passen (8 F 211).
Angriffsschläge — Schmettern (8 F 212).
Beide S-8-mm-Kassettenfilme sind erhältlich beim Hofmann-Verlag Schorndorf.

[30] Vgl. die Ablichtungen der eingesetzten Fehlerbilder im Anhang unter 2.1—2.3. Quelle: HARTMANN, H., a. a. O. — FRÖHNER, B. u. a.: Volleyball. Berlin 1974.

[31] Um zu übertragbaren Größenverhältnissen zu kommen, mußte eine Spieltafel selbst hergestellt werden. Als einfache und schnelle Möglichkeit ergab sich der entsprechende Zuschnitt einer Styropor-Platte und die Verwendung von großköpfigen Möbelgleiternägeln als Spielersymbolen. Die Linien des Feldes wurden mit Filzschreibern aufgemalt.

Doppel-stunde	Schulungs-thema	LH zur Entwicklung von Bewegungsvorstellungen	LH zum Bewegungsvollzug
2.	aufgeben	Bildreihe, Fehlerbilder	Ledervolleyball—Weich-gummivolleyball (Lvb.—Wvb.) Zuspielziele
3.	unteres Zuspiel	Bildreihe, Fehlerbilder	Lvb.—Wvb., kleine Kästen Ziel: Basketballkorb Netz als Erschwerung
4.	oberes Zuspiel	Bildreihe, Fehlerbilder	Lvb.—Wvb., Hallenwand, Ziel: Basketballkorb
5.	Komplexüb./ Feldaufteilung	Arbeitsstreifen, Spieltafel	Lvb.—Wvb., Aufstellungs-markierungen
6.	Einführung: schmettern		Tennis- bzw. Schlagball Netzhöhenvariation, Lvb.—Wvb., Ziel: Reifen, kl. Kasten, Anlauflinien
7.	Vertiefung: schmettern	Arbeitsstreifen	Lvb.—Wvb., Hallenwand, akust. Startsignal

Weitere Möglichkeiten zur Unterstützung der Lernprozesse, die den methodischen Intentionen der Lernhilfen entsprechen, ergeben sich aus speziellen praktischen Aktivitäten des Lehrers im Unterricht. Durch gezielte und aktive Teilnahme an einzelnen Übungen und am Spiel können motivationssteigernde Impulse, intensive und situationsbezogene Einzelkorrekturen sowie stabilisierte Übungsabläufe erreicht werden.

Außerdem sollten die Handlungen der Schüler, die dem Lernziel entsprechen oder deutlich zu ihm führen, im Sinne des Prinzips der Verstärkung vom Lehrer bestätigt werden.

2.3 Zu den Übungs- und Organisationsformen

In den sieben Doppelstunden mit Lern- und Übungsschritten werden alle gebräuchlichen Übungsformen eingesetzt. Dies bezieht sich auf den quantitativen Aspekt (Einzel-, Partner-, Dreier-, Vierer- und Gesamtgruppenübungen) wie auf den inhaltlichen Aspekt (von isolierter Technikschulung bis zu Komplexübungen) und auf den organisatorischen Aspekt (von Einzel-Stand-Übungen bis zu Riegenwettkämpfen und Üben im Strom). Die Übungen sollen prinzipiell möglichst spielnah sein, Komplexübungen sind im Verlauf des Projekts immer stärker heranzuziehen. Dabei sollen die Übungen an die Motivation der Schüler anknüpfen und auf ihre Fähigkeiten aufbauen. Bei einzelnen Übungen werden bewußt zusätzliche

Erleichterungen/Erschwerungen vorgenommen, wenn einzelne Lernprozesse wie beim Schmettern besonders schwierig sind, oder wenn bestimmte Handlungen für extreme Spielsituationen einzuüben sind.

Die Gruppeneinteilungen sollen unter Berücksichtigung der Mitbestimmungsmöglichkeiten der Schüler (Partner-, Mannschaftswahl), der Leistungsanforderungen und des Leistungsstands (punktuelle innere Differenzierung), des Inhalts der Stunden sowie der Effektivität und Ökonomie der Lern- und Übungsprozesse vorgenommen werden. Aufgrund der Gruppengröße halten wir eine generelle Differenzierung in homogene Leistungssgruppen oder eine Trennung von Jungen und Mädchen innerhalb dieses Unterrichtsprojekts nicht für sinnvoll.

2.4 Zum Stundenaufbau und zur Unterrichtslenkung

Die Problematik von Doppelstunden im Sportunterricht erfordert eine besonders genaue Planung des Stundenaufbaus und der Unterrichtslenkung. Es ist zu berücksichtigen, daß die Doppelstunden freitags in der 5./6. Stunde stattfinden und daß physiologische und psychologische Belastungen und Überlastungen insbesondere im zweiten Teil der Doppelstunden in verstärktem Ausmaß auftreten können[32]. Unter diesen Bedingungen erscheint es besonders schwierig, eine ausreichende Erwärmung, eine intensive Schulung und einen breiten Raum für die Spielbedürfnisse der Schüler zu organisieren. Ausgehend von einem formal dreigliedrigen Stundenaufbau soll die Erwärmung im einleitenden Teil, die Schulung der Spielhandlungen in Theorie und Praxis im Hauptteil und das Spiel im Schlußteil der Stunden stattfinden. Dabei wird die „beste Lernzeit" für die Schulung verwandt, das Spiel in den problematischen Schlußteil gelegt, was aber zumindest teilweise durch die Motivation der Schüler wieder aufgefangen werden kann. Für den Anfang und den Abschluß der Stunden sind kurze Gesamtgruppengespräche geplant, in denen die Planung und Realisierung der Stunden diskutiert und kritisiert werden soll. Diese Gespräche können u. U. auch dazu beitragen, einige psychologische Überbelastungen aufzufangen und vorhandene Konflikte abzubauen. Es ergibt sich folgende *Grobstruktur* des Stundenaufbaus und der zeitlichen Einteilung der Doppelstunden:

		voraussichtl. Dauer (Min.)
I. Einleitender Teil	— Einleitung: Programminformation und Gespräch	3
	— Erwärmung	10—12
II. Hauptteil	— Schulung der Spielhandlungen in Theorie und Praxis (Übungen)	35
III. Schlußteil	— Spiel im Kleinfeld	35
	— Abschlußbesprechung	3

[32] Zum Problem der Doppelstunden im Sportunterricht vgl. Koch, K./Söll, W.: Stundenmodelle für alle Altersstufen. Schorndorf 1973², 16 f.

Die *Unterrichtslenkung* erfolgt generell durch verbale Impulse und Aufforderungen des Lehrers, ohne die Verwendung von Pfeifen. Dabei muß vor allem in den ersten Stunden darauf geachtet werden, daß die Schüler während der Lehreräußerungen ruhig sind und die Bälle festhalten. Für die Gesprächsphasen werden die Schüler zusammengefaßt und sitzen mit dem Lehrer im Halbkreis vor den an der Wand befestigten Medien oder dem Programm. Ohne eine generelle Grenze bestimmen zu können, soll noch darauf hingewiesen werden, daß die Lenkung den Schülern einen möglichst großen Spielraum für Eigeninitiativen überlassen soll, eine zu weitgehende Reglementierung also zu vermeiden ist.

D. Durchführung des Unterrichtsprojekts

In diesem Kapitel wird der Ablauf des Versuchs stundenweise beschrieben. Dabei gliedert sich die Darstellung der neun Doppelstunden in jeweils drei Abschnitte:

A. Thema der Hauptaufgabe/Feinlernziele[33];
B. Der Stundenentwurf — die Stundendurchführung;
C. Die Reflexion des Lernhilfeneinsatzes.

Stundenentwurf und -durchführung können in einem Abschnitt abgehandelt werden, weil sich keine wesentlichen Unterschiede zwischen Planung und tatsächlichem Stundenverlauf ergeben haben. Dies ist u. a. darauf zurückzuführen, daß es sich bei den vorliegenden Entwürfen nicht um die Grobplanungen aus der Planungsphase vor Beginn des Unterrichtsprojekts handelt, sondern um modifizierte Entwürfe, die die Anregungen und Vorschläge der Schüler bereits enthalten und endgültig erst direkt vor den einzelnen Stunden zusammengestellt wurden. Auf Wunsch der Schüler sind wir schneller zu den erweiterten Spielformen übergegangen und haben ab der 3. Doppelstunde eine andere Erwärmungsform (Circuit) eingeführt.

---

1. Doppelstunde

A. HAUPTAUFGABE:

Individualtest an 5 Stationen (siehe Testbögen im Anhang 1)

Feinlernziele: Die Schüler sollen

— die bisher erlernten Elementartechniken im Test anwenden und dabei ihren Stand der technomotorischen Leistungen erkennen;

— das Testverfahren als Möglichkeit der Leistungsmessung und des Leistungsvergleichs anerkennen;

— erkennen, daß Konzentration eine notwendige Voraussetzung für ein gezieltes Zuspiel ist und sich entsprechend verhalten.

---

[33] Hier und fortfahrend in den einzelnen Stunden als Teillernziele der unter B. 2 formulierten Feinziele verstanden.

B. ENTWURF UND DURCHFÜHRUNG

ZEIT	PHASE	LEHRERVERHALTEN	ERWARTETES SCHÜLERVERHALTEN	MEDIUM	KOMMENTAR
5'	Einleitung	informiert über Ziele und Inhalte des Projekts und der Stunde	äußern sich zum Programm, machen Abänderungsvorschläge	Programmschaubild, Sprache	Gesamtprogramm wird in der Halle ausgehängt und diskutiert
1o'	Erwärmung	gibt verbale Anweisung und demonstriert	Gymnastik, partnerweise: a) ohne Ball -Strecksitz,Rumpfbeugen mit Partnerhilfe -Grätschsitz,Rumpfkreisen mit Partnerhilfe -Bauchlage,gestreckte Arme, Rumpfrückbeugen mit Partnerhilfe -Grätschhüpfen,Partner kriecht zwischen den Beinen hindurch -Sprint (18m),Partner hält fest b) mit Ball -Ball im Stand hochwerfen-im Sitz fangen-hochwerfen-im Stand fangen (Partner wechseln sich ab) -Volleyballtennis an die Wand -freies Zuspiel	Partner Volleyball	die intensiven Dehnübungen sollen auf die hohen Belastungen im Test vorbereiten
55'-60'	Hauptteil	erklärt die Teststationen, teilt die Gruppen ein kontrolliert die Testdurchführung	führen Test I in Gruppen durch tragen ihre Ergebnisse in Auswertungsbögen ein helfen sich gegenseitig bei der Testausführung	s. unten	
15'	Schluß		freies Spiel	Volleyball	

===

Test I
Teststationen:

	TS 1:Pritschen	TS 2:Aufgaben	TS 3:Baggern	TS 4: Sprinten	TS 5:Rumpfbeugen
Bezeichnung	High-wall-Test	Aufgaben-Test	Bagger-Test	Japan-Test	Rumpfbeuge-Test
Aufgabenstellung	pritscht den Ball innerhalb von 3o sec. möglichst oft in das Feld	schlägt Aufgaben und versucht,die Matte zu treffen - ihr habt 1o Versuche	baggert den zugeworfenen Ball zum Spieler,der im Reifen steht - ihr habt 1o V.	läuft von Linie zu Linie,berührt die Linien mit einer Hand und einem Fuß 1o mal	beugt euch bei gestreckten Beinen so tief wie mögl. herunter
Bewertung	alle einwandfrei in das Feld gespielten Bälle(einschließlich Linienberührung) zählen 1 Punkt	Matte getroffen = 2 Pkt. Feld getroffen = 1 Pkt. Aus,Netz,Decke = 0 Pkt.	Ball: im Stand gefangen=2 Pkt. in der Bewegung gefangen =1 Pkt. nicht zu fangen =0 Pkt.	Zeit für 1o mal 4,5 m in sec.	gehaltener Abstand zwischen Fingerspitzen und Standfläche in cm.
Durchführung	Demonstration, Vorversuche, 1.Durchgang aller Testpersonen, 2.Durchgang	Demonstration, 2 Vorversuche, 1.Durchgang aller Testpersonen, 2.Durchgang	Demonstration, 2 Vorversuche, 1.Durchgang aller Testpersonen, 2.Durchgang	Demonstration, 2-3 Teilstrecken versuchsweise, 1.Durchgang aller Testpersonen, 2.Durchgang	Demonstration, 1 Vorversuch, 1.Durchgang aller Testpersonen, 2.Durchgang
Gerätebedarf Helfer(H.)	1 Feld von 1X1m (Klebeband) an der Wand in 3m Höhe, 1 Stoppuhr 1 Volleyball ---------------- 1H:Zeitnehmer 1H:Zähler	1 Kleinfeld mit Netz, 1 Matte, 2-3 Volleybälle ------------ 1H:Zähler (Bälle zurückrollen)	1 Kleinfeld mit Netz, 1 Kasten hinter dem Netz Markierungslinie für Testperson (Klebeband), 1 Gymnastikreifen, 2 Volleybälle ------------ 1H:Zuspieler vom Kasten (Zähler) 1H:Fänger im Reifen	2 Klebebandlinien in 4,5 m Abstand (5o cm lang),1 Stoppuhr ------------ 1H: Zeitnehmer (mitzählen)	1 Meßskala (+2ocm bis -2ocm) befestigt auf 1 Schwebebank ------------ 1H: Ableser

32

C. REFLEXION

In der Anfangsbesprechung äußerten die Schüler globale Zustimmung zum Programm des Projekts sowie große Bereitschaft, den Test durchzuführen. Die Erklärung der Teststationen bereitete anfänglich einige Schwierigkeiten, anscheinend waren den meisten Schülern solche Formen der Leistungsmessung noch neu. Obwohl der Zeitbedarf für den Test I sehr groß war und das Spiel ausfallen mußte, war kein Motivationsverlust bei den Schülern festzustellen. Es ist positiv hervorzuheben, daß durch die Bildung kleiner Testgruppen (3—4 Schüler) auch eine hohe Übungsintensität bestand. Die Schüler schulten an den verschiedenen Teststationen vor allem ihre Zielgenauigkeit und ihre Konzentrationsfähigkeit. Die geforderte Zielgenauigkeit ging jedoch vor allem beim High-wall-Test auf Kosten der technisch einwandfreien Ausführung.

> ### 2. Doppelstunde

A. HAUPTAUFGABE

Der Aufschlag von unten/Annahmeversuche

Feinlernziele: Die Schüler sollen

— anhand einer Bildreihe und vier Fehlerbildern eine genaue Bewegungsvorstellung der Aufgabe (frontal, von unten) entwickeln, die wesentlichen Bewegungsmerkmale nennen, Fehler erkennen und berichtigen;

— Aufgaben sicher, zielgerichtet und den Regeln entsprechend schlagen;

— versuchen, vom Gegner geschlagene Aufgaben anzunehmen und erkennen, daß zielgerichtetes Baggern die beste Annahmeform ist;

— lernen, daß alle Spieler einer Mannschaft nacheinander Aufgaben schlagen müssen;

— erkennen, daß die Aufgabe eine wirksame Angriffshandlung ist.

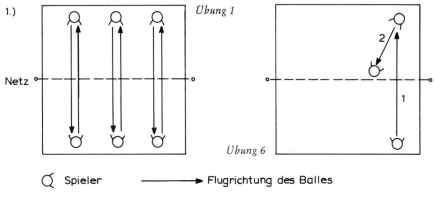

Abb. 1

B. ENTWURF UND DURCHFÜHRUNG

ZEIT	PHASE	LEHRERVERHALTEN	ERWARTETES SCHÜLERVERHALTEN	MEDIUM	KOMMENTAR
3'	Einleitung	informiert über Ziele und Inhalte der Stunde	äußern sich zum Programm, machen Abänderungsvorschläge	Sprache	
3'	Erwärmung 1)	demonstriert, gibt verbale Anweisungen läuft in Gegenrichtung	laufen in der Kreisbahn mit Schritt kombinationen: Kreuzschritt, side- step, Mäuseschritte und springen auf Zuruf: Drehsprung, Strecksprung, Hocksprung		
5'	2)	gibt verbale Anweisung und demonstriert mit einem Schüler	gymnastische Übungen, partnerweise, ohne Ball: -Hände auf die Schultern legen, Oberkörper federn nach unten -an den Händen anfassen und sich gleichzeitig um die Körperachse drehen -Rücken an Rücken einhaken und den Partner durch Vorbeugen vom Boden abheben -die Hände des Partners im Sprung so hoch wie möglich abklatschen		Dehnung und Streck- ung der bei der Aufgabe beansprucht- ten Körperteile
5'	3)	teilt für je ein Paar einen Ball aus und gibt verbale Anweisung teilt 4 Staffeln ein	-Ball in Längsrichtung der Halle zum Partner werfen(von unten): rechter Arm, linker Arm, beide Arme -4 Staffeln: Ball mit Handkanten- schlägen oder mit offener Hand in der Luft halten, dabei Lauf um Hürdenständer	Volleyb.	Belastung der Schul- ter und Armmuskeln bei gleichzeitigem Körpereinsatz Gewöhnung an die Handhaltung
3'	Hauptteil -Hinführung	Aufforderung, sich die Bildreihe "Aufgabe" an- zusehen und zu beschrei- ben	beschreiben die wesentlichen Bewegungsmerkmale	Bildreihe, Sprache	Lernhilfeeinsatz zur Entwicklung der Bewegungsvorstell.
4'	-Übungen 1)	Aufforderung, partner- weise Aufgaben zu schlagen Einzelkorrektur	schlagen Aufgaben über das Netz zum Partner	Lvb.-Wvb.	
3'	2)	Hinweis auf Hauptfehler zeigt Fehlerbilder	nennen die Fehler auf den Fehler- bildern	Fehlerbil- der, Sprache	Lernhilfeeinsatz zur Korrektur der Bewegungsvorstell.
3'	3)	Partnerübung: Schlagt die Aufgaben zum Part- ner zurück, ohne sie vorher zu fangen	spielen Volleyballtennis 1:1	Lvb.-Wvb.	
5'	4)	Partnerübung: Wer trifft seinen Partner bei 1o Aufgaben am häufigsten?	machen Aufgaben auf ein festes Ziel (Marterpfahlspiel)	Lvb.-Wvb.	Motivierung für gezieltes und sicheres Schlagen der Aufgabe
5'	5)	Partnerübung: Wer kann die Aufgabe mit dem Bagger annehmen	versuchen, die Aufgaben mit baggern anzunehmen	Lvb.-Wvb.	Überleitung zur Annahme der Aufgabe
6'	6)	Dreierübung: Baggert den Ball nicht einfach hoch, sondern spielt auf den Mitspieler	versuchen, zum Partner zu baggern	Lvb.-Wvb.	Überleitung zur zielgerichteten Annahme
3'	Schluß 1)	gibt Hinweis auf die Regeln zur Aufgabe	lernen, daß die Aufgabe aus dem Aufgaberaum zu schlagen ist, daß nur die Mannschaft einen Punkt er- zielen kann, die die Aufgabe ge- schlagen hat, daß alle Spieler Aufgaben schlagen müssen	Sprache	
35'	2)	Aufforderung, beim Spiel die Aufgaberegeln anzuwenden	spielen in Mannschaften (2:2) und beachten die Aufgaberegeln	Lvb.-Wvb.	Anwendung der ge- lernten techn.Form und der Regeln im Spiel
3'	3)	äußert sich zur Stunde	äußern sich zur Stunde	Sprache	

34

C. REFLEXION

Durch den Einsatz von Bildreihe und Fehlerbildern[34] entstanden bei fast allen Schülern genaue und umsetzbare Bewegungsvorstellungen, noch vorhandene Fehler konnten durch Einzelkorrekturen (Handgelenkfixierung, Beinstellung) schnell abgebaut werden. Das intensive Üben der Aufgabe wurde insbesondere bei einigen Mädchen durch die Verwendung von Weichgummibällen erleichtert, da sie die Arme und Hände nicht so belasten wie Lederbälle. Der Bewegungsablauf wird durch diese Lernhilfe nicht negativ beeinflußt.

Als besonders motivierend im Hinblick auf Zielgenauigkeit und Sicherheit erwies sich das Marterpfahlspiel, das wesentlich zum Lernerfolg beitrug. Die rein verbale Erklärung der Aufgaberegel reichte nicht aus, hier wäre eine zusätzliche Markierung des Aufgaberaums durch Klebebandstreifen eine sinnvolle Hilfe gewesen.

Die Anwendung der Rotationsregel stieß anfänglich auf Schwierigkeiten, weil einige Schüler angeblich nicht sicher genug aufgeben konnten. Dieses Problem löste sich aber nach und nach durch die Bekräftigung der Regel und die weitergehende Beherrschung der Aufgabe. Ebenso wurde auch erst allmählich der Angriffscharakter der Aufgabe umgesetzt: das gezielte Spiel auf ungedeckte Flächen oder auf annahmeschwächere Spieler des Gegners. In der Abschlußbesprechung wurde herausgestellt, daß das Spiel durch die Einbeziehung der Aufgabe zwar „volleyballgemäßer" geworden, aber die Annahme noch zu schwierig sei, so daß das Spiel zu schnell unterbrochen wird und zu abhängig vom Schlagen der Aufgabe verläuft.

---

3. Doppelstunde

A. HAUPTAUFGABE

Das untere Zuspiel

Feinlernziele: Die Schüler sollen
— anhand einer Bildreihe und vier Fehlerbildern eine genaue Bewegungsvorstellung des Baggerns entwickeln, wesentliche Bewegungsmerkmale nennen und Fehler erkennen und berichtigen;

Übung 2

Abb. 2 a

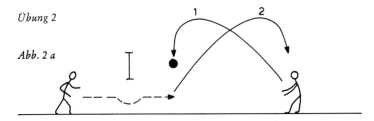

— entsprechend den Bedingungen der Spielhandlungen so zum Partner baggern, daß dieser den Ball weiterspielen kann;

---

[34] Vgl. Anhang 2.1.

— auch unter erschwerten Bedingungen und in schwierigen Situationen aus der Bewegung baggern können;

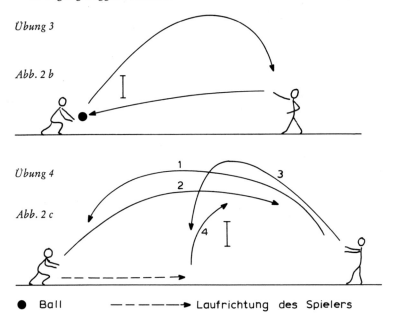

Übung 3

Abb. 2 b

Übung 4

Abb. 2 c

● Ball   — — — — ▶ Laufrichtung des Spielers

— erkennen, daß das Zuspiel innerhalb einer Mannschaft das Spiel erfolgreicher machen kann;
— die Rotationsregel beim Spiel 3:3 selbständig anwenden.

B. ENTWURF UND DURCHFÜHRUNG

ZEIT	PHASE	LEHRERVERHALTEN	ERWARTETES SCHÜLERVERHALTEN	MEDIUM	KOMMENTAR
3'	Einleitung	informiert über Ziele und Inhalte der Stunde	äußern sich zum Programm, machen Abänderungsvorschläge	Sprache	
3'	Erwärmung 1)	Aufforderung, sich frei warmzulaufen	laufen frei in der Halle		
1o'	2)	teilt die Sch. in 5 Gruppen ein, kontrolliert die Zeit beim Circuit (2o/3o sec.)	machen Circuit-Übungen in 5 Gruppen (je 3-4 Sch.): -Schlußsprünge auf den kl.Kasten -Medizinball gegen die Wand werfen -Liegestützstell.- Strecksprung -4,5 m Sprints -Klappmesser		
3'	Hauptteil -Hinführung 1)	nimmt Bezug auf Hauptfehler beim Baggern aus der letzten Std. und zeigt Fehlerbilder	nennen die 4 Hauptfehler beim Bag.	Sprache Fehlerbilder	Die Bewußtmachung der Hauptfehler soll die Sch.für eigene Fehler sensibilis.
2'	2)	zeigt die Bildreihe Baggern	nennen die wesentlichen Bewegungsmerkmale beim Baggern	Sprache Bildreihe	Verstärkung der richtigen Bewegungsvorstellung

	-Übungen				
4'	1)	Partnerübung: den zuge-worfenen Ball hoch zu-rückbaggern	(vertiefen die Technik) ein Sch. sitzt auf einem kl.Kasten und baggert den Ball während des Aufstehens	Lvb.	Bewegungshilfe d.kl. Kasten, kein Wvb. wegen Bewegungs-fehlern bei d. Ball
4'	2)	Partnerübung: den in hohem Bogen auf der an-deren Netzseite hochge-worfenen Ball hochbag.	ein Sch. wirft den Ball hoch - der andere läuft unter dem Netz hin-durch und baggert zum Partner	Lvb.	Erschwerung beim Baggern aus der Bewegung
5'	3)	Partnerübung: Aufforde-rung, die Bälle unter dem Netz hindurch zum Partner zu werfen	ein Sch. wirft den Ball unter dem Netz hindurch - der andere ver-sucht, den Ball über das Netz zurückzubaggern	Lvb.	Annahmeschulung von flachen Bällen
6'	4)	Partnerübung: Werft den Ball abwechselnd in ho-hem Bogen - zur Grund-linie -kurz hinter das Netz	baggern die auf unterschiedliche Positionen geworfenen Bälle in hohem Bogen zum Partner zurück	Lvb.	Annahmeschulung: Flugbahnberechnung, schnelles Einnehmen der Ausgangsstell.
8'	5)	Wettkampfübung: Welche Gruppe baggert am ge-nauesten und erreicht die meisten Treffer?	versuchen in 2 Gruppen mit je 8 - 1o Sch. und je 8 Bällen, in den Basketballkorb zu baggern	Lvb.(+Wvb.)	Motivierung für zielgerichtetes unteres Zuspiel
	Schluß				
1'	1)	ergänzt Aufgaberegeln durch Rotationsregel	lernen, daß die Spieler beim Erhalt des Aufgaberechts eine Position auf dem Spielfeld weiter-rücken (in Uhrzeigerrichtung)	Sprache	
35'	2)	Aufforderung, im Spiel die Aufgaben nur mit dem Bagger anzunehmen und die Rotationsregel zu beachten	spielen in Mannschaften (3:3)	Lvb.-Wvb.	
3'	3)	äußert sich zur Stunde	äußern sich zur Stunde	Sprache	

C. REFLEXION

Durch Fehlerbilder, Bildreihe[35] und zusammenfassende verbale Schüler- und Leh-reräußerungen konnte zwar eine grobe Bewegungsvorstellung erarbeitet werden, dies reichte aber nicht aus. Viele Schüler baggerten weiterhin mit Armschwung. Hier konnten die meisten Fehler durch die Lernhilfe: baggern vom kleinen Kasten[36] beseitigt werden.

Für die Schulung des Baggerns aus der Bewegung haben sich die Partnerübungen 3 und 4 besonders bewährt. Den Schülern wurde die Bedeutung der tiefen Aus-gangsstellung und der schnellen Einnahme einer gleichgewichtigen Stellung be-wußt. Bei der Anfängerschulung fällt gerade beim Baggern immer wieder auf, daß insbesondere einige Mädchen wegen der Überbeanspruchung der Innenseiten der Unterarme die Übungen abbrechen müssen. Diese Auswirkung könnte zwar theoretisch durch die Verwendung der Weichgummibälle abgemildert werden, aber dieser Ball ist für die Baggerschulung ungeeignet, weil er sehr schwer zu kontrollieren ist und zu vermindertem Körpereinsatz führt. Funktional ist nur der Einsatz von Lederbällen und der Hinweis, langärmlige Trikots zu tragen.

Die Zielgenauigkeit im Zuspiel sollte durch das Baggern in den Basketballkorb geübt werden. Diese Übung erwies sich aber als wenig sinnvoll, weil durch das

---

[35] Vgl. Anhang 2.2.
[36] Vgl. Bildtafel 4.1 im Anhang.

eigene Anwerfen Bewegungsfehler entstanden. Der Ball hätte also zugeworfen werden müssen, das hätte aber den Schwierigkeitsgrad der Übung zu sehr erhöht. Im Spiel wurde die Rotationsregel weitgehend eingehalten. Das Zusammenspiel mit zwei Mitspielern war noch ungewohnt. In der Abschlußbesprechung ergab sich, daß die Schüler noch zu sehr auf individuelle Erfolge ausgerichtet waren. Auf Wunsch der Schüler wurde jedoch keine „Zusammenspielpflicht" vereinbart.

---

4. Doppelstunde

A. HAUPTAUFGABE

Das obere Zuspiel

Feinlernziele: Die Schüler sollen

— die Hauptfehler beim Pritschen benennen und anhand von Fehlerbildern beschreiben;
— die Bewegungsmerkmale des Pritschens nennen, ihre Bewegungsvorstellungen mit der Bildreihe vergleichen und entsprechend korrigieren;
— die Technik des oberen Zuspiels nach Spielhandlungsgesichtspunkten vertiefen (zielgerichtet, sicher, den Regeln entsprechend);

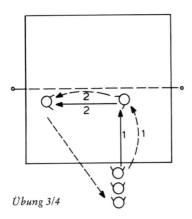

Übung 3/4

— das obere Zuspiel in Spielsituationen anwenden;
— in Vierermannschaften spielen.

B. ENTWURF UND DURCHFÜHRUNG

ZEIT	PHASE	LEHRERVERHALTEN	ERWARTETES SCHÜLERVERHALTEN	MEDIUM	KOMMENTAR
3'	Einleitung	informiert über Ziele und Inhalte der Stunde	äußern sich zum Programm, machen Abänderungsvorschläge	Sprache	
10'	Erwärmung 1)	teilt Sch. in 5 Staffeln ein erklärt die Übungen	pro Staffel ein Ball, Start an der Grundlinie des Volleyballfeldes Lauf um einen Hürdenständer auf der anderen Grundlinie : -laufen(ohne Ball) -seitwärts laufen,Ball mit beiden Händen prellen -Ball bei jedem Schritt zwischen den Beinen hindurchrollen -Sprint zum Ständer,Ball zurückwerfen (einarmig) -Sprint zum Ständer,Ball zurückwerfen (beidarmig)	Lvb.	
	2)	Aufforderung,den Ball in den Gruppen auf kl. Raum möglichst lange in der Luft zu halten (nur pritschen erlaubt)	pritschen im Kreis auf kleinem Raum (3m Durchmesser);Gruppen, deren Ball zu Boden gefallen ist, setzen sich hin (3 Durchgänge)	Lvb.-Wvb.	Die Sch. lernen, den Ball hoch zu pritschen
	Hauptteil -Hinführung				
3'	1)	nimmt Bezug auf Hauptfehler beim Pritschen, zeigt Fehlerbilder	nennen die 4 Hauptfehler beim Pritschen	Sprache Fehlerbilder	Die Lernhilfe Fehlerbilder soll die Korrektur der Bewegungsvorstellungen erleichtern
3'	2)	zeigt Bildreihe Pritschen, fordert Sch.auf, den Bewegungsablauf zu beschreiben	nennen Bewegungsmerkmale beim Pritschen	Sprache Bildreihe	Sicherung der richtigen Bewegungsvorstellung
	-Übungen				
5'	1)	Aufforderung und Demonstration, partnerweise den aufgeprellten Ball hochzupritschen	pritschen abwechselnd den aufgeprellten Ball senkrecht hoch	Lvb.-Wvb.	Die Sch. lernen bei flachen Bällen unter den Ball zu laufen (Flugbahnberechnung notw.)
9'	2)	stellt die Aufgabe, in den Basketballkorb zu pritschen fordert schwächere Sch. auf, die Hand- und Armhaltung an der Wand zu üben	versuchen,von der Strafwurflinie in den Korb zu pritschen einige Sch. üben die Hand- und Armhaltung (drücken den Ball an die Wand)	Lvb.-Wvb. Wvb./Wand	Üben des gezielten oberen Zuspiels Differenzierung zur Fehlerkorrektur
7'	3)	Anweisung und Demonstration der Gruppenübung: Pritschen mit Richtungsänderung	üben oberes Zuspiel mit Richtungsänderung in Gruppen mit 4-5 Sch. (der Ball wird zugeworfen und vom 3. Sch. gefangen)	Lvb.-Wvb.	Einführung des Zuspiels mit Richtungsänderung(90°)
5'	4)	Anregung für Gruppen, die 3) beherrschen,den ersten Ball zu pritschen	versuchen, den ersten Paß zu pritschen	Lvb.-Wvb.	Hinführung zum "Dreiecksspiel"
35'	Schluß 1)		spielen in Mannschaften (4:4)	Lvb.-Wvb.	
3'	2)	äußert sich zur Stunde	äußern sich zur Stunde	Sprache	

C. REFLEXION

Ausgehend von der Besprechung der Hauptfehler ist die Bewegungsvorstellung der Schüler über die Bildreihe wirkungsvoll vertieft worden[37]. Da dies bei einigen

[37] Vgl. Anhang 2.3.

39

Schülern nicht ausreichte (Arm- und Fingerhaltung), wurde mit diesen Schülern eine kurze Übung an der Wand[38] durchgeführt, die auch zu einer verbesserten Impulsgebung beitrug. Der Einsatz des Weichgummiballs war bei allen Übungen gut möglich, ohne daß entsprechende Bewegungsfehler festzustellen waren. Dagegen stellten wir fest, daß mehrere Schüler aus Angst vor Fingerverletzungen beim Üben mit dem Lederball verkrampften. Das Pritschen aus der Bewegung konnte mit der Partnerübung: Pritschen des aufgeprellten Balls[39] sehr intensiv geübt werden (Flugbahnberechnung, schnell unter den Ball laufen, sicherer Stand). Beim oberen Zuspiel erwies sich die Übung am Basketballkorb als außerordentlich motivierend, funktional und intensiv; sie wurde spontan ausgeweitet: a) Einzelübung[40], b) nach Zuspiel[41], c) als Gruppenwettkampf mit zwei Gruppen und je acht Bällen. Als besonders positiv ist bei dieser Übung hervorzuheben, daß sie zielgerichtetes Zuspiel mit spielnaher Flugbahn (hoher Bogen) erfordert. Bei den auf die Änderung der Zuspielrichtung ausgelegten Übungen[42] fiel es den Schülern anfangs noch schwer, sich schon vor der Ballannahme auf das Ziel frontal auszurichten.

Hier konnten außer verbalen Hinweisen noch keine Lernhilfen zur Beeinflussung der offenen Schrittstellung und der Körperdrehung gefunden werden. Im Spiel 4:4 kam es erst gelegentlich zur Anwendung der geübten Zuspielformen.

5. Doppelstunde

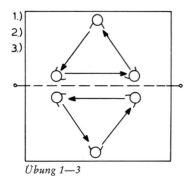

1.)
2.)
3.)

Übung 1—3

A. HAUPTAUFGABE

Komplexübungen/Aufstellung im Spielfeld

Feinlernziele: Die Schüler sollen

— anhand eines Arbeitsstreifens ihr Bewußtsein über die Spielhandlungen vertiefen (Spiel im Dreieck als zentrale Zuspielform);

— das obere und untere Zuspiel in Komplexübungen anwenden und dabei ihre Fähigkeit ausbauen, situationsgemäß die entsprechende technische Form anzuwenden;

— Vorschläge für eine zweckmäßige Aufstellung bei gegnerischer Aufgabe und im Spiel an einer Spieltafel entwickeln und diskutieren;

— sich die erarbeiteten Aufstellungsformen einprägen und sie im Spiel einhalten.

---

[38] Vgl. Bildtafel 4.2 im Anhang.
[39] Vgl. Bildtafel 5.1 im Anhang.
[40] Vgl. Bildtafel 4.3 im Anhang.
[41] Vgl. Bildtafel 4.4 im Anhang.
[42] Vgl. Bildtafel 5.2 im Anhang.

B. ENTWURF UND DURCHFÜHRUNG

ZEIT	PHASE	LEHRERVERHALTEN	ERWARTETES SCHÜLERVERHALTEN	MEDIUM	KOMMENTAR
3'	Einleitung	informiert über Ziele und Inhalte der Stunde	äußern sich zum Programm, machen Abänderungsvorschläge	Sprache	
1o'	Erwärmung	teilt Sch. in 5 Gruppen ein, kontrolliert die Zeit beim Circuit (3o/3osec.)	machen Circuit-Übungen in Gruppen (s. 3.Doppelstunde)		
5'	Hauptteil -Hinführung 1)	zeigt Arbeitsstreifen, kommentiert den Ablauf	erkennen Grundelemente des Spiels in der komplexen Übungsform, beobachten die Anwendung der technischen Formen	Arbeits- streifen, Sprache	Bewußtmachung von elementaren Formen individueller Tak- tik im Übungszu- sammenhang
1o'	-Übungen 1)	Dreierübung: Stellt euch wie im Film im Dreieck auf und prit- scht euch den Ball zu	üben das obere Zuspiel im Dreieck in Dreiergruppen (wechseln die Positionen im Feld)	Lvb.-Wvb.	Erprobung einer im Arbeitsstreifen ge- zeigten Übungsform (vereinfacht)
9'	2)	Aufforderung, den Ball zu baggern	wie bei 1), aber unteres Zuspiel (mit Positionswechsel)	Lvb.	
8'	3)	stellt die Aufgabe,daß der Grundlinienspieler baggert und die anderen pritschen	verbinden Pritschen und Baggern	Lvb.	Einübung in die Abwehr-,Aufbauhand- lungen
5'	-Hinführung 2)	nimmt Bezug auf Auf- stellungsprobleme der Sch. im Spiel, stellt die Frage nach der günstigsten Auf- stellung	machen Vorschläge über die günstigste Aufstellung bei der Annahme der gegnerischen Aufgabe und während des Spiels bei 4-er Mannschaften und fixieren ihre Vorschläge an der Spieltafel	Sprache Spieltafel	Das Medium Spiel- tafel gibt einen besseren Überblick
2'	3)	gibt einzelnen Sch. Klebebandstreifen, Aufforderung, die Posi- tionen im Spielfeld zu markieren	einzelne Sch. kennzeichnen die erarbeiteten günstigsten Aufgabe- positionen im Spielfeld	Klebeband	Die Orientierungs- hilfe soll die Übertragung vom Modell(Spieltafel) sicherstellen
35'	Schluß 1)	Aufforderung,beim Spiel die markierten Auf- stellungspositionen zu beachten	spielen in Mannschaften (4:4) berücksichtigen die Aufstellungs- positionen	Lvb.-Wvb.	Durch weitere Hin- weise sollten die Sch. aufgefordert werden, den Ball 3 mal in einer Mannschaft zu spielen
3'	2)	äußert sich zur Stunde	äußern sich zur Stunde	Sprache	

C. REFLEXION

Der bereits in der letzten Stunde angekündigte und mit Spannung erwartete Arbeitsstreifen wirkte sehr motivationssteigernd. Der typische Ablauf der Spiel- handlungen (aufgeben —) annehmen — passen konnte im Anschluß an den Arbeitsstreifen im Gespräch herausgearbeitet und in den nachfolgenden Übungen von fast allen Schülern in vereinfachter Form nachvollzogen werden. In dieser Stunde wurde die Ballauswahl freigestellt: bis auf eine Mädchengruppe wählten alle Schüler Lederbälle, die offenbar motivierender sind.

Als Spieltafel diente eine den Größenverhältnissen des Kleinfeldes maßstabsgetreu entsprechende Styroporplatte (Maßstab etwa 1:13), großköpfige Möbelgleiter- nägel waren die Spielersymbole. Der Einsatz der Spieltafel führte in kurzer Zeit

41

zur Erarbeitung der Aufstellung bei der gegnerischen Aufgabe[43] und der Aufstellung während des Spiels[44]. Hier erwies sich die Übertragung der Aufstellungspositionen auf das Spielfeld mit Hilfe von Klebebandmarkierungen[45] als eine sehr wirkungsvolle Lernhilfe. Die meisten Schüler nahmen die markierten Positionen im Spiel ein, ohne sich jedoch zu stark gebunden zu fühlen. Das in den letzten Stunden erst selten zu beobachtende Zusammenspiel innerhalb der Mannschaften nahm in dieser Stunde zu. Dabei fiel auf, daß die Spielmotivation bei erfolgreichem Zusammenspiel und längeren Ballwechseln stark anstieg. In der Abschlußbesprechung wurde diese Erscheinung noch einmal hervorgehoben und die Vereinbarung getroffen, keine Regel zu schaffen, daß der Ball 3mal gespielt werden muß, da dies einerseits sowieso versucht, andererseits aber situationsbedingt nicht immer möglich sein würde.

---

6. Doppelstunde

A. HAUPTAUFGABE

Einführung des Schmetterns

Feinlernziele: Die Schüler sollen
— die Grobform des Schmetterns und seine Funktion als Angriffshandlung erkennen und erste Bewegungsvorstellungen entwickeln;

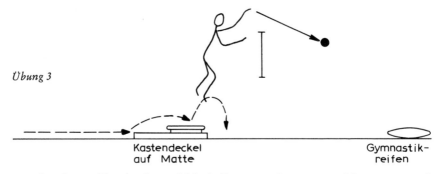

Übung 3

Kastendeckel
auf Matte

Gymnastik-
reifen

— anhand von Tennis- bzw. Schlagbällen erste Bewegungserfahrungen zu einzelnen Sequenzen des Schmetterns sammeln und diese auf das Schmettern mit Volleybällen übertragen;
— mit Hilfe von Anlauf- und Absprunghilfen lernen, anzulaufen und mit dem Stemmschritt abzuspringen;
— sich beim Schmettern gehaltener Bälle am Netz orientieren;
— versuchen, hochgeworfene Bälle in das gegnerische Feld zu schmettern.

---

[43] Vgl. Bildtafel 4.5 a) (Skizze) im Anhang.
[44] Vgl. Bildtafel 4.5 b) (Skizze) im Anhang.
[45] Vgl. Bildtafel 4.6 im Anhang.

B. ENTWURF UND DURCHFÜHRUNG

ZEIT	PHASE	LEHRERVERHALTEN	ERWARTETES SCHÜLERVERHALTEN	MEDIUM	KOMMENTAR
3'	Einleitung	informiert über Ziele und Inhalte der Stunde	äußern sich zum Programm machen Abänderungsvorschläge	Sprache	
6'	Erwärmung 1)	gibt verbale Anweisung und demonstriert	Gymnastik ohne Ball: -5 Runden laufen -Sprints über die Linien des Volleyballfeldes(Grundlinie bis Angriffslinie:schnell,Angriffslinie bis Mittell.:langsam,Mittell.bis Grundlinie:schnell) a) aus dem Stand b) aus dem Sitz auf dem Boden c) aus der Bauchlage		
5'	2)		-hüpfen(Schlußsprünge auf der Stelle): 2 Serien mit je 2o Sprüngen mit Steigerung der Höhe -Rumpfbeugen(Hohlkreuz bis Bodenberührung der Hände zwischen den Beinen -im Sitzen die Beine so lange wie möglich 1o cm über d.Boden halten anschl.Kerze und radfahren		Dieser Teil dient speziell der Vorbereitung auf das Schmettern
1o'	Hauptteil 1)	erklärt und demonstriert Partnerübung: Werfen mit dem Tennisball	stehen sich partnerweise auf den Grundlinien des Kleinfeldes gegenüber und werfen sich den Ball zu: (jeweils 1o-15 mal) -über das Netz -unter dem Netz aufprellen -im Sprung (beidbeinig,ohne Anlauf), unter dem Netz aufprellen	Tennisball Schlagball	Lernhilfe zum Erlernen des Armzugs mit Handgelenkeinsatz
5'	2)	teilt Sch. in zwei Gruppen ein (nach Sprunghöhe), demonstriert,	eine Gruppe übt am höheren,eine am niedrigeren Netz(2m;1,85m)		Lernhilfe Netzvariation zum Ausgleich der Sprunghöhe
		den Ball über das Netz zu werfen	werfen den Ball über das Netz ins andere Feld (benutzen die Absprunghilfe kl.Kasten/Kastendeckel, springen mit beiden Beinen ab,	Tennisball Schlagball	Die Absprunghilfe dient primär der Entwicklung des Stemmschritts
3'	3)	legt einen Reifen als Ziel aus	wie 2), aber Sch. werfen in den Reifen	Tennisball Schlagball	Die Lernhilfe Reifen soll gradliniges frontales Schmettern vorbereiten
3'	4)	entfernt Absprunghilfe, markiert Start- und Absprungpos.durch Klebeband	wie 3),aber ohne Absprunghilfe (Sch. beachten die Hilfslinien)	Tennisball Schlagball	Lernhilfe zur Sicherung des Anlaufrhythmusses ohne Kasten
2'	5)	demonstriert die Handhaltung und zeigt die Schlagfläche beim Schmettern d.Volleyb.	erproben die Handhaltung und die Schlagfläche: nehmen den Ball in die eine Hand und schlagen auf den gehaltenen Ball	Volleyball	Vermittlung des Schlaggefühls
8'	6)	Aufforderung, das Schmettern mit dem Volleyball zu versuchen	4 Sch.stehen auf kl.Kästen und halten einen Ball oberhalb der Netzkante, die anderen versuchen, den Ball aus der Hand zu schlagen	Volleyball	Orientierungshilfe zum Schmettern am Netz (Timing-Problem ausgeschlossen)
3'	7)	fordert einige Sch.auf, den von ihm geworfenen Ball zu schmettern	einige Sch.,die die Grobform bereits in Ansätzen beherrschen,demonstrieren das Schmettern	Volleyball	Lernkontrolle und Sicherung des leistungsspezifischen Bewegungsbildes
35'	Schluß 1)		spielen in Mannschaften (4:4)	Lvb.-Wvb.	
3'	2)	äußert sich zur Stunde	äußern sich zur Stunde	Sprache	

43

C. REFLEXION

Diese Stunde diente der Vorbereitung und ersten Einführung des Schmetterns. Darum wurde noch keine Gesamtbewegungsanalyse vorgenommen, sondern einzelne Sequenzen über spezielle Lernhilfen entwickelt. Die Einführung der Schlagbewegung (mit Handgelenkeinsatz) mit Tennisbällen war nicht eindeutig funktional, da einige Schüler den Ball zu lange führten und nicht zur vollständigen Armstreckung kamen; zusätzliche verbale Hinweise, Demonstrationen und Einzelkorrekturen konnten die Bewegungsfehler nicht ganz ausschließen. Zumindest in dieser Gruppe erbrachte die Lernhilfe Tennisball keinen größeren effektiven Lernzuwachs. Die Einführung des Stemmschritts über die Absprunghilfe: kleiner Kasten erwies sich als unpraktikabel, weil der kleine Kasten zu hoch ist; Kastendeckel auf Matten sind hier geeigneter. Durch das Auslegen von Gymnastikreifen konnte eine Ausrichtung auf gradliniges, frontales Schmettern erreicht werden, hierbei verbesserten die Schüler vor allem ihren Armzug.

Der Übergang zum Schmettern ohne Absprunghilfen wurde durch Orientierungslinien und Probeläufe ohne Ball[46] sowie durch die Verringerung der Netzhöhe wirkungsvoll erleichtert. Das Schlagen mit der Innenhandfläche auf den selbst gehaltenen Ball gewöhnte die Schüler an das Schmettern des „großen" Volleyballs und die entsprechende Handhaltung. Die Übung: Schmettern des von einem Spieler hochgehaltenen Balls[47] erbrachte zwar keinen großen Lernzuwachs für den Bewegungsablauf, trug aber zur Orientierung am Netz (Anlauf- und Schlagabstimmung) bei. Das für das Schmettern besonders bedeutsame Timing-Problem wurde bei den Einzelversuchen deutlich, die akustischen Starthilfen führten zu ersten erfolgreichen Schmetterversuchen. Wie auch in der Abschlußbesprechung von seiten der Schüler deutlich wurde, war diese Stunde etwas überladen, die Übungen sollten besser auf mehrere Stunden verteilt werden.

---

7. Doppelstunde

A. HAUPTAUFGABE

Vertiefung des Schmetterns

Feinlernziele: Die Schüler sollen

— anhand eines Arbeitsstreifens den Bewegungsablauf des Schmetterns insbesondere im Hinblick auf den dynamischen Vollzug erkennen;

— die Bewegungsmerkmale der Grobform des Schmetterns beschreiben;

— die Schlagbewegung im Stand und Sprung an der Wand und im Feld üben sowie versuchen, im Spiel zu schmettern;

---

[46] Vgl. Bildtafel 4.7 im Anhang.
[47] Vgl. Bildtafel 5.3 im Anhang.

— lernen, die Flugbahn eines gestellten Balls zu berechnen und das Schmettern darauf einzustellen.

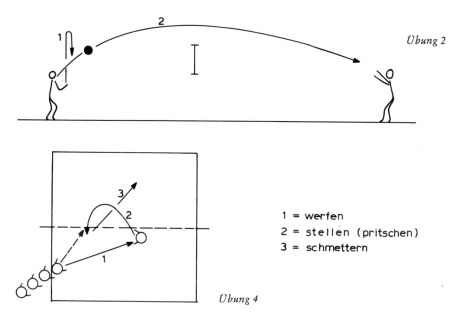

Übung 2

1 = werfen
2 = stellen (pritschen)
3 = schmettern

Übung 4

B. ENTWURF UND DURCHFÜHRUNG

ZEIT	PHASE	LEHRERVERHALTEN	ERWARTETES SCHÜLERVERHALTEN	MEDIUM	KOMMENTAR
3'	Einleitung	informiert über Ziele und Inhalte der Stunde	äußern sich zum Programm, machen Abänderungsvorschläge	Sprache	
6'	Erwärmung 1)	gibt verbale Anweisung und demonstriert einzelne Übungsformen gibt akust.Signale	-laufen 4 Runden, überspringen dabei kleine Kästen -laufen langsam, nach Zuruf:Anlauf mit Stemmschritt und abrollen nach hinten -wie oben,nach Zuruf: Sprung mit betontem Armeinsatz		Anlaufschulung: rhythmisch und mit Stemmschritt Absprungschulung
6'	2)	Aufforderung sich mit einem Partner einen Ball zu holen, demonstriert mit einem Schüler	-stellen sich partnerweise auf (5o-7oom Abstand,Rücken zugewandt) und übergeben den Ball mit Oberkörperdrehung -Partner am Netz: Übergabe des Balls oberhalb der Netzkante und am Boden unterhalb des Netzes -Partner gehen zurück auf die Grundlinien: Zuwerfen (beidarmig, aufprellen unterhalb des Netzes)	Volleyball	
3'	Hauptteil -Hinführung 1)	Aufforderung, die Bewegungsmerkmale des Schmetterns zu nennen	nennen Bewegungsmerkmale	Sprache	Verbalisierung vorhandener Bewegungsvorstellungen
5'	2)	führt den Arbeitsstreifen Schmettern vor und kommentiert	erkennen insbesondere den dynamischen Bewegungsablauf	Arbeitsstreifen, Sprache	Vermittlung einer konkreteren Bewegungsvorstellung

5'	–Übungen 1)	Einzelübung: Übt das Schmettern an der Wand. demonstriert	üben an der Wand: werfen sich den Ball selbst hoch und schlagen den Ball vor der Wand auf den Boden	Lvb.-Wvb.	individ.Umsetzung
5'	2)	Einzelkorrekturen Partnerübung: Schlagt den Ball aus dem Stand über das Netz	werfen den Ball selbst an und schmettern im Stand zum Partner (Abstand zum Netz: 3-4m)	Lvb.-Wvb.	Überleitung zum und Orientierung im Spielfeld
10'	3)	wie bei 3), aber versucht den Ball im Sprung zu schlagen a) ohne Anlauf b) mit Anlauf	versuchen,im Sprung zu schmettern versuchen,im Sprung mit Anlauf zu schmettern	Lvb.-Wvb.	Übergang von 2) zu 3b) nach individ. Lerntempo
8'	4)	Aufforderung,sich in das Feld zu stellen,das eine der eigenen Leistungsfähigkeit entsprechende Netzhöhe hat, Üben im Strom: schmettern nach Zuspiel	pro Spielfeld ein Zuspieler: Ball zum Zuspieler werfen-Zuspieler stellt hoch an das Netz-schmettern in das gegn.Spielfeld	Lvb.	spielnahe Schulung des Schmetterns nach Zuspiel, L. hilft durch akust. Starthilfe(Timing-Problem)
3'	5)	Zusammenfassung,verstärkt gute Schülerversuche	einzelne Schüler demonstrieren das Schmettern	Lvb., Sprache	Ergebnissicherung
35'	Schluß 1)	gibt Anregung, im Spiel zu schmettern	spielen in Mannschaften (4:4) versuchen zu schmettern	Lvb.	
3'	2)	äußert sich zur Stunde	äußern sich zur Stunde	Sprache	

C. REFLEXION

Der durch Zeitlupenaufnahmen sehr geeignete Arbeitsstreifen vermittelte eine erste zusammenhängende Bewegungsvorstellung dieser dynamischen Bewegung, die aber von mehreren Schülern nicht vollständig umgesetzt werden konnte. Bei der sehr intensiven Übung an der Wand[48] mußte in Einzelkorrekturen vor allem die Armhaltung korrigiert werden (viele Schüler vergaßen, den Ellbogen zurückzunehmen und zogen den Arm zu weit nach unten). Die Übertragung auf die Bedingungen des Kleinfeldes gelang deshalb, weil eine geeignete Stufung der Übungen gefunden werden konnte, die das Problem der Orientierung am Netz und im Feld löste. Beim Schmettern aus dem Stand (2—3 m vom Netz entfernt) lernten die Schüler, die Flugbahn des Balls durch den Einsatz des Handgelenks bei gestrecktem Arm zu steuern. Je nach individuellem Lerntempo gingen die Schüler dann zum Schmettern im Sprung und mit Anlauf über. Für das Timing-Problem erwiesen sich diese Übungen als geeignete Zwischenform, da der Ball selbst angeworfen werden kann (zusätzlicher Hinweis z. T. nötig: höher anwerfen). Die Übung mit dem Zuspieler verdeutlicht noch einmal das Timing-Problem. Trotz akustischer Starthilfen gelang es nur wenigen Schülern, aus dem Zuspiel eines anderen Schülers zu schmettern. Hinzu kam, daß sich einige Schüler zu stark am dynamischen Bewegungsbild des Nationalspielers im Arbeitsstreifen zu orientieren versuchten, wodurch bei einzelnen Sequenzen Bewegungsfehler entstanden. Im Spiel waren einige Schmetterversuche mit entsprechenden Erfolgserlebnissen zu beobachten, obwohl die Bälle meist im Aus landeten.

---

[48] Vgl. Bildtafel 5.4 im Anhang.

46

A. HAUPTAUFGABE

Komplexübungen/Turnier

Feinlernziele: Die Schüler sollen
— alle erlernten technischen Formen in komplexen spielnahen Übungen anwenden und dabei lernen, dem gegnerischen Angriff zu begegnen und selbst ein Angriffsspiel aufzubauen;

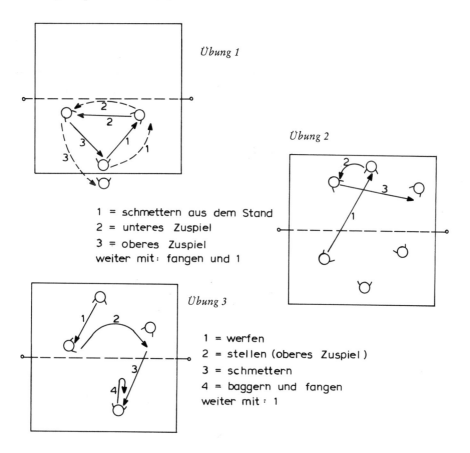

Übung 1

Übung 2

1 = schmettern aus dem Stand
2 = unteres Zuspiel
3 = oberes Zuspiel
weiter mit: fangen und 1

Übung 3

1 = werfen
2 = stellen (oberes Zuspiel)
3 = schmettern
4 = baggern und fangen
weiter mit: 1

— die Bedeutung kooperativen Handelns für ein erfolgreiches Spiel erkennen, d. h. bereit sein, sich auf die Mitspieler einzustellen und das Zusammenspiel bewußt zu organisieren;
— in festen Mannschaften in Turnierform gegeneinander spielen und dabei die eigene Wettkampfstärke zu überprüfen lernen.

B. ENTWURF UND DURCHFÜHRUNG

ZEIT	PHASE	LEHRERVERHALTEN	ERWARTETES SCHÜLERVERHALTEN	MEDIUM	KOMMENTAR
3'	Einleitung	informiert über Ziele und Inhalte der Stunde	äußern sich zum Programm, machen Abänderungsvorschläge	Sprache	
5'	Erwärmung 1)	teilt Sch. in 2 Gruppen ein, Aufforderung, kriegen zu spielen	spielen kriegen im begrenzten Feld a) entgehen dem Abschlagen durch Einnahme der Liegestützstellung b) bewegen sich im Vierfüßlergang		
4'	2)	Partnerübung: Sucht euch einen Partner und nehmt einen Ball demonstriert mit 1 Sch.	a) Partner wenden sich den Rücken zu(Abstand 5o cm) und reichen sich den Ball zu: zwischen den Beinen hindurch/über den Köpfen hinweg b) prellen den Ball im Sprung zum Partner(beidhändig,mögl.nur mit Handgelenkeinsatz)	Volleyball	
4'	3)	Aufforderung, sich mit dem Partner einzuspielen	spielen sich ein (freies Partnerspiel)	Lvb.-Wvb.	
10'	Hauptteil 1)	Viererübung: Spielt so im Dreieck,daß ein Spieler auf der Grundlinie und zwei Spieler am Netz stehen	üben das Zuspiel im Dreieck mit Nachlaufen (schneller Positionswechsel auf den drei Positionen durch vier Spieler) a) alle Spieler pritschen b) alle Spieler baggern c) Netzspieler pritschen,Grundspieler baggert	Lvb.	Das Nachlaufen soll die Orientierung d. Sch.auf den versch. Positionen und eine spielnahe Technikschulung ermöglichen
10'	2)	Komplexübung: 2 Dreiergruppen im Kleinfeld erklärt und demonstriert mit einer Gruppe	üben den Spielkomplex: Feldverteidigung - Aufbau	Lvb.	spielnahe Schulung der Technik mit Schwerpunkt:Abwehr des gegnerischen Angriffs
10'	3)	Komplexübung: (wie bei 2))	üben den Spielkomplex: Aufbau - Angriff (schmettern)	Lvb.	spielnahe Schulung der Technik mit Schwerpunkt: Aufbau des eigenen Angriffs
40'	Schluß 1)		spielen in Mannschaften (4:4) in Turnierform	Lvb.	
3'	2)	äußert sich zur Stunde	äußern sich zur Stunde	Sprache	

C. REFLEXION

Das Ziel der Stunde, alle technischen Formen in komplexen und spielnahen Übungsformen zu schulen, konnte nicht vollständig erreicht werden. Dagegen war der Stundenteil „Spiele in Turnierform" sehr erfolgreich. Für die Übung „Dreiecksspiel mit Nachlaufen"[49] reichten die technomotorischen Fähigkeiten der Schüler zwar grundsätzlich aus, aber die mangelnde Konzentrationsfähigkeit während einer längeren Übungszeit sowie die noch nicht ausreichende Internalisierung der elementaren Spielformen führten zu häufigen Übungsunterbrechungen und damit zu einer geringen Intensität. Die Aufgabenstellung, in schnell wechselnden Spiel-

---

[49] Vgl. Bildtafel 5.5 im Anhang.

48

handlungssituationen in kürzester Zeit die optimale Lösung zu finden und anzuwenden, wurde nur von etwa 50% der Schüler erfüllt. Die Komplexübungen: Verteidigung—Aufbau und Aufbau—Angriff bereiteten zwar anfänglich Schwierigkeiten bei der Erklärung und der Umsetzung, motivierten aber durch den spielnahen Charakter. Zwei Gruppen kamen zu einem lernzielgemäßen Übungsablauf, wobei die Hauptschwierigkeiten erwartungsgemäß in der Abwehr gegnerischer Schmetterversuche lag, weil diese zu unpräzis abliefen. Die Erfolgsquote ließ sich bei der Abwehr aber erhöhen, indem die Aufgabenstellung eingebracht wurde, aus dem Stand zu schmettern. Für die Komplexübungen wählten alle Gruppen den Lederball, da der Weichgummiball zu schwer zu kontrollieren war. Im Spiel waren die Schüler vor allem am Leistungsvergleich ausgerichtet. Dadurch kam es zwar nur selten zur Anwendung der eingeübten Spielhandlungsformen, aber zu spannenden und motivierenden Kleinfeldspielen. Das Turnier wurde ziemlich eindeutig von einer reinen Jungenmannschaft gewonnen.

9. Doppelstunde

A. HAUPTAUFGABE

Individualtest an 4 Stationen (siehe Testbögen im Anhang 1)

Feinlernziele: Die Schüler sollen (siehe 1. Doppelstunde);
— erfahren, welchen Lernfortschritt sie im Hinblick auf die Beherrschung technomotorischer Fertigkeiten in den Testübungen gemacht haben;
— auf einem Testbogen schriftlich Fragen beantworten (Bewegungsvorstellungen, Aufstellung im Kleinfeld, Spielregeln) und sich dabei ihrer Kenntnisse bewußt werden.

B. ENTWURF UND DURCHFÜHRUNG

ZEIT	PHASE	LEHRERVERHALTEN	ERWARTETES SCHÜLERVERHALTEN	MEDIUM	KOMMENTAR
3'	Einleitung	informiert über Ziele und Inhalte der Stunde	äußern sich zum Programm, machen Abänderungsvorschläge	Sprache	
1o'	Erwärmung	s. 1.Doppelstunde	s. 1.Doppelstunde		
6o–7o'	Hauptteil	erklärt die Testübungen von Test II	s. 1.Doppelstunde / s. unten		
5'	Schluß	äußert sich zur Stunde und zum Projekt	äußern sich zur Stunde und zum Projekt	Sprache	

Test II Teststationen:	TS 1:Pritschen	TS 2:Aufgaben	TS 3:Baggern	TS 4:Fragebogen, Teil 2
Bezeichnung				Informationstest
Aufgabenstellung		siehe Test I (1.Doppelstunde)		beantwortet schriftlich die Fragen des Fragebogens
Bewertung				Punkte für richtige Antworten, maximal 24 Punkte (s.Anhang:Fragebogenauswertung)
Durchführung				als 4. Teststation an 5 Einzelschreibplätzen
Gerätebedarf				5 kleine Kästen an einer Schwebebank, 5 Kugelschreiber

C. REFLEXION

Abgesehen von einem Schüler (Mario B.), der nach eigenen Äußerungen persönliche Probleme hatte, wurde der Test II generell konzentriert und mit großer Leistungsmotivation durchgeführt. Allerdings hatten mehrere Schüler, vorwiegend aus Hauptschulklassen, Formulierungsschwierigkeiten bei der Beantwortung des Testbogens, Teil 2, wie sie später in der Abschlußbesprechung äußerten.

Die Gesamteinschätzung des Projekts war generell positiv, der Wert der Übungen wurde anerkannt, die Spielzeit als etwas zu gering bezeichnet.

E. Ergebnisse der Lernerfolgskontrolle

1. ZUR TECHNOMOTORISCHEN ENTWICKLUNG

Die Angaben über die Entwicklung der technomotorischen Fähigkeiten können aufgrund der relativ geringen Schülerzahl in der Kursgruppe nur als Tendenzen der Entwicklung angesprochen werden.

Zwischen Jungen und Mädchen lassen sich keine auffälligen Unterschiede feststellen, dagegen ist aber der Leistungszuwachs bei acht Schülern von Test I zu Test II beträchtlich. Insgesamt ist ein Zuwachs von 34,8% bezogen auf den Leistungsstand in Test I, zu verzeichnen. Durchschnittlich erreichten die Schüler:

126,8 von 300 Punkten (42,3%) im Eingangstest
170,9 von 300 Punkten (58,0%) im Endtest.

Aufgeschlüsselt nach den einzelnen Techniken ergibt sich folgendes Bild:

	pritschen	aufgeben	baggern
Punkte in Test I:	41,6	51,8	33,3
Punkte in Test II:	54,2	58,3	58,3

Auffällig ist hier vor allem die Angleichung der Leistungen auf ein relativ einheitliches Niveau gegen Ende des Unterrichtsprojekts. Dabei ist der Lernzuwachs im Baggern (+75%) besonders hervorzuheben. Da bei der Einordnung der Testergebnisse in die 100er-Skala von jeweils sehr guten Schülerleistungen (mit Vereinsspielerniveau) ausgegangen wurde, kann aus den ermittelten Werten auch eine Aussage über die allgemeine Entwicklung des technomotorischen Niveaus der Schüler abgeleitet werden. Die Leistungen haben sich im Verlauf des Projekts von einem unterdurchschnittlichen zu einem durchschnittlich bis überdurchschnittlichen Stand entwickelt.

2. ZU DEN KENNTNISSEN IN TECHNIK, AUFSTELLUNG UND REGELN

Die Ergebnisse des Informationstests haben nur eingeengten Aussagewert, da die Überprüfung von Bewegungsvorstellungen über ein rein sprachliches Medium (Fragebogen) kein vollständiges Bild ergeben kann. Die ermittelten Ergebnisse korrespondieren mit der Komplexität und dem Schwierigkeitsgrad der jeweils angesprochenen technischen Form und dem jeweiligen Grad der Intensität der Übung bzw. Beherrschung der Formen. Bei der Verbalisierung der Bewegungsmerkmale der Aufgabe werden die Phasen noch relativ genau und vollständig beschrieben und entsprechen den eingegebenen Informationen. Diese Genauigkeit und Vollständigkeit nimmt beim Baggern, Pritschen und Schmettern immer mehr ab; beim Schmettern werden durchschnittlich nur noch zwei Bewegungsmerkmale genannt, wobei die Qualität dieser Merkmalsbeschreibungen als unzureichend zu betrachten ist.

Hieraus ist der Schluß zu ziehen, daß die Bewegungsvorstellungen des Schmetterns und mit Einschränkungen auch des Pritschens trotz der entsprechenden Ausrichtung der Projekte noch nicht befriedigend vermittelt werden konnten. Dagegen existierten beim Aufgeben und Baggern weitgehend klare und richtige Bewegungsvorstellungen. Abgesehen davon, daß diese Formen leichter zu erlernen sind, kann vermutet werden, daß hier eine bessere Informationseingabe stattgefunden hat.

Die Angaben zur Aufstellung der Mannschaften im Kleinfeld erbrachten insgesamt ein befriedigendes Ergebnis, wenn man berücksichtigt, daß mehrere Schüler, die falsche Aufstellungen einzeichneten, in der 5. Doppelstunde nicht anwesend waren und dieser Testteil erst mit einigem zeitlichen Abstand nach Beendigung des Projekts durchgeführt werden konnte. Von vier möglichen Punkten erreichten die Schüler durchschnittlich 3,1 Punkte.

3. ZUR ENTWICKLUNG DES SPIELNIVEAUS

Die Spielbeobachtung konnte aufgrund fehlender organisatorischer Voraussetzungen nur eindrucksanalytisch erfolgen, im Rahmen dieser Arbeit kann auch nur kurz auf die allgemeine Entwicklung des Spielniveaus eingegangen werden.

Typisch für das Spiel in der 2. und 3. Doppelstunde waren kurze, technisch nicht einwandfreie Ballwechsel ohne ein Zusammenspiel innerhalb der Mannschaften. In den Spielhandlungen wurde anfangs noch keine Differenzierung deutlich, das direkte Spiel zum Gegner und die individuelle Aktion herrschten vor. Diese Tendenz war vor allem bei den Jungen sehr stark, die Mädchen waren eher bereit, den Mitspieler in ihr Spiel einzubeziehen und sich kooperativ zu verhalten. Dagegen war ihre Bereitschaft und ihr Willen geringer, sich total einzusetzen, um einen schwierigen Ball noch zu spielen.

Ein häufigeres Zusammenspiel konnte erst ab der 4. Doppelstunde beobachtet werden. Dabei kam es jedoch anfänglich bei leistungsstärkeren Schülern zu Frustrationen über „unfähige" Mitspieler, die dann überspielt wurden. Diese Erscheinung wurde erst mit zunehmender allgemeiner Beherrschung der Elementartechniken abgebaut. In dieser Phase wurden verschiedene Formen von Zuspielhandlungen innerhalb der Mannschaften vollzogen; das Spiel zum Gegner hatte jedoch ebenfalls noch einen weitgehenden Zuspielcharakter und war kaum als Angriff zu werten.

In der 7./8. Doppelstunde kam es zu einem flüssigeren Spiel mit durchschnittlich 2—3 Ballwechseln und mindestens zwei Ballberührungen innerhalb einer Mannschaft. Die Regeln wurden weitgehend eingehalten, die Spiele liefen auch ohne Lehrer- bzw. Schiedsrichtersteuerung problemlos ab. In der Endphase des Projekts wurden die Spielhandlungen Angriff durch Aufgeben, Abwehr der Aufgabe durch unteres Zuspiel und Aufbau durch oberes Zuspiel häufig erfolgreich in der Grobform vollzogen. Die Angriffshandlung Schmettern konnte noch nicht in das Spiel einbezogen werden.

Hinsichtlich der Anwendung der Spielregeln ist vor allem anzumerken, daß die technischen Regeln des internationalen Regelwerks abgemildert wurden, um den Spielfluß nicht zu sehr einzuschränken. Ansonsten wurden die elementaren Regeln des Zielspiels in abgewandelter Form herangezogen (Rotationsregeln, Zählweise, Netzregeln, Linienregeln).

F. Zusammenfassung der Erfahrungen unter besonderer Berücksichtigung der erprobten Lernhilfen

Ausgehend von den Ergebnissen der Lernerfolgskontrolle können die Ziele des Unterrichtsversuchs global als erreicht bezeichnet werden. Dies gilt vor allem auch für die nur schwer meßbaren Ziele des sozialen Bereichs. Hier ist festzustellen, daß entsprechende Verhaltensweisen der Schüler, wie die Kooperation innerhalb der Mannschaften und innerhalb der Gesamtgruppe, die Fähigkeit zur Konfliktlösung sowie die Bereitschaft, sich auch über die „Pflichtzeit" des Unterrichts hinaus zu engagieren, verstärkt und gefestigt werden konnten. Der allgemeine technomotorische und spieltaktische Lernfortschritt, der in neun Lern-, Übungs- und Testdoppelstunden erreicht wurde, ist als beträchtlich zu werten.

Der methodische Ansatz, der der Planung des Projekts zugrunde lag, hat sich für den Kursunterricht dieser Lerngruppe bewährt. Die Schwerpunktsetzung auf die Schulung und Entwicklung der technomotorischen Fertigkeiten in Spielhandlungszusammenhängen im Hauptteil der Stunden hat sich nicht negativ auf die Motivation der Schüler ausgewirkt.

Für die im Volleyballspiel besonders schwierigen und komplexen Bewegungs- und Handlungsabläufe konnten wirksame *Lernhilfen* gefunden werden. Die praktische Erprobung der Lernhilfen im Hinblick auf ihre Funktionalität führte zu Erkenntnissen, die auch über den Unterricht in dieser Lerngruppe und über den Kursunterricht allgemein hinaus von Bedeutung sind. Auch wenn hier keine Vergleichswerte aus Kontrollgruppen vorliegen, ist davon auszugehen, daß die Lernhilfen *wesentlich* zum Lernerfolg beigetragen haben. Abschließend sollen die wichtigsten Erfahrungen aus der Erprobung der Lernhilfen noch einmal zusammengefaßt werden.

Medieneinsatz

Die eingesetzten *Bildreihen, Fehlerbilder, S-8-mm-Arbeitsstreifen* und die *Spieltafel* haben, trotz der z. T. entgegenstehenden Verbalisierungsschwierigkeiten der Schüler im Informationstest, zur *Entwicklung der Bewegungsvorstellungen* über vorwiegend kognitive Lernprozesse beigetragen. Ihr Einsatz war effektiv und ökonomisch und kann über den Rahmen dieses Unterrichtsversuchs besonders dann empfohlen werden, wenn der Lehrer selbst nicht über ausreichende spezifische Kenntnisse und Erfahrungen aus dem Bereich des Volleyballspiels verfügt. Hinsichtlich der Arbeitsstreifen ist noch anzumerken, daß es von Vorteil sein könnte, wenn einige Bewegungsabläufe schülergemäßer dargestellt werden würden.

Bewegungshilfen durch Geräte:

Hier wurden Lernhilfen beim Baggern und Schmettern eingesetzt und überprüft. Für die Einführung der *Technik des Baggerns* erwies sich die Übung mit dem Einsatz kleiner Kästen zur Beeinflussung der Ausgangsstellung der Bewegung als außerordentlich effektiv und funktional, weil die Schüler sehr schnell lernten, aus der Körperbewegung ohne Armschwung zu baggern. In der Fachliteratur wird das Reutherbrett oder der kleine Kasten als Absprunghilfe bei der Einführung des *Schmetterns* empfohlen. Während das Reutherbrett aus Gründen der Unfallverhütung erst gar nicht zum Einsatz kam, zeigte sich, daß der kleine Kasten zu hoch ist, um mit einem stemmschrittartigen Absprung das Schmettern zu lernen. Hier ist der Einsatz von Kastendeckeln funktionaler, außerdem kann die Netzhöhe verringert werden, wenn die Sprungkraft noch nicht ganz ausreicht. Allerdings ist die beim Reutherbrett erwähnte Unfallgefahr auch beim Kastendeckel nicht ganz aufgehoben und ein Verzicht auf diese Art von Absprunghilfen deshalb anzuraten.

Ballverwendung: Prinzipiell standen den Schülern Ledervolleybälle und Weichgummibälle zur Auswahl zur Verfügung. Abgesehen von der größeren Motivation der Schüler, mit dem Lederball zu spielen, ist die Verwendung der Weichgummibälle in diesem Kurs zumindest im Hinblick auf das Baggern als problematisch zu bezeichnen. Hier springt der Ball schwer kontrollierbar von den Armen und führt zu Bewegungsfehlern. Dagegen kann der Weichgummiball bei der Schulung des Pritschens, Aufgebens und mit Einschränkung auch des Schmetterns einige Hilfen leisten. Dazu kommt, daß der Weichgummiball in der Praxis sehr schnell verformt wird, und dann nicht mehr einzusetzen ist. Bei der Einführung des Schmetterns wurden Tennis- bzw. Schlagbälle eingesetzt. Ihr Einsatz ist für einige Bewegungsphasen zu empfehlen, in dieser Gruppe konnte aber kein entscheidender Vorteil dieser Einführungsmethode festgestellt werden.

Orientierungshilfen

Dieser Bereich der Lernhilfen erwies sich in der Praxis als besonders wichtig und wirksam im Hinblick auf die *Entwicklung spezifischer Spielhandlungsaspekte.* Die Markierungspunkte oder -linien zur Orientierung im Spielfeld (Feldaufteilung, Feldaufstellung, Anlauf- und Absprunghilfen beim Schmettern) können durch Klebebandstreifen leicht hergestellt werden und sind sehr wirksam. Sie führen auch nicht zu einer zu starken Fixierung der Schüler, weil sie meist nur in der ersten Bewegungsphase der individuellen Spielhandlungen wahrgenommen werden. Besonders wirksam ist die Übertragung der an der Spieltafel erarbeiteten Aufstellungspositionen durch Klebebandmarkierungen auf das Spielfeld. Im Übungsteil der Stunden ist der Basketballkorb als Ziel für das Zuspiel benutzt worden. Allerdings sollte er nur für die Schulung des oberen Zuspiels herangezogen werden, weil beim unteren Zuspiel bei Anfängern zu leicht Bewegungsfehler entstehen.

In der Einführung des Schmetterns wird die Übung „Schmettern des von einem Mitspieler oberhalb der Netzkante gehaltenen Balls" häufig eingesetzt. Diese Übung sollte jedoch nur im Sinne einer Orientierungshilfe beim Üben des Schmetterns Verwendung finden, weil der statisch gehaltene Ball atypisch für diese dynamische Angriffstechnik ist.

Im Verlauf dieses Unterrichtsversuches waren nicht alle eingeführten Spielhandlungen in vollem Umfang im Spiel zu realisieren. Diese Erscheinung war jedoch bei dem gewählten Ansatz der Stufenkonzeption als sehr wahrscheinlich vorauszusehen, weil sämtliche inhaltlichen und methodischen Elemente sehr stark am Zielspiel ausgerichtet waren. Die so ausgerichtete und möglichst schnelle Einführung der technischen Grundformen in Spielhandlungszusammenhängen geht in der Schulung immer über das im Spiel Erreichbare hinaus.

Nach dieser Einführung müssen die erlernten Grundformen schrittweise parallel weiterentwickelt und verfeinert werden. Dies wird die Aufgabe des nächsten, anschließenden Oberstufenkurses sein.

G.
Anhang

1. Testbögen

2. Bildreihen und Fehlerbilder
2.1 Aufgeben
2.2 Baggern
2.3 Pritschen

3. Bewegungsabläufe
3.1 Aufgeben
3.2 Baggern
3.3 Pritschen
3.4 Schmettern

4. Einsatz von Lernhilfen
4.1 Baggern mit kleinen Kasten
4.2 Pritschen: Ball gegen die Wand drücken
4.3 Pritschen: Ziel-Basketballkorb, Einzelübung
4.4 Pritschen: Ziel-Basketballkorb, nach Zuspiel
4.5 Skizze: Feldaufstellung im Kleinfeld
4.6 Positionsmarkierungen zur Feldaufstellung
    (bei gegnerischer Aufgabe)
4.7 Schmettern: Anlauf- und Absprunglinie

5. Übungsformen
5.1 Pritschen: Unter den aufgeprellten Ball laufen
5.2 Pritschen mit Richtungsänderung (im Dreieck)
5.3 Schmettern: Gehaltener Ball
5.4 Schmettern: Einzelübung an der Wand
5.5 Komplexübung: Dreieckspiel mit Nachlaufen

1. TESTBOGEN

Test I

Datum	Name	Geburtsdatum
. . . .	. . . .	. . . .

Teststation	1. Versuch	2. Versuch	Auswertung Mittelwert	100-er Skala
Nr. I Pritschen (high-wall-test) 3o sec.				
Nr. II Aufgabentest je 1o Versuche	Matte | Feld | Fehler	Matte | Feld | Fehler		
Nr. III Baggertest je 1o Versuche	gefangen: im Stand | in Bewegung | Fehler	gefangen: im Stand | in Bewegung | Fehler		
Nr. IV Japantest Zeit für 1o 4,5 m				
Nr. V Rumpfbeuge-test Abstand zwischen Fingerspitzen und Bank				
			Summe	

Test II, Teil 1

Datum	Name	Geburtsdatum
. . . .	. . . .	. . . .

Teststation	1. Versuch	2. Versuch	Auswertung Mittelwert	100-er Skala
Nr. I Pritschen (high-wall-test) 3o sec.				
Nr. II Aufgabentest je 1o Versuche	Matte Feld Fehler	Matte Feld Fehler		
Nr. III Baggertest	gefangen: im Stand in Bewe-gung Fehler	gefangen: im Stand in Bewe-gung Fehler		

Nr. IV

Informationstest
(s. Testbogen II, Teil 2)

Summe

Frage I	
Frage II	
Frage III	
Summe	

60

. . . .
Name

Beantworte bitte folgende Fragen :

I. Worauf muß man besonders achten, um die Technik richtig auszuführen ?

   a) bei der Aufgabe: 1. . . . .

       2.   3. . . . .

       4.   5. . . . .

   b) beim Baggern: 1. . . . .

       2.   3. . . . .

       4.   5. . . . .

   c) beim Pritschen: 1. . . . .

       2.   3. . . . .

       4.   5. . . . .

   d) beim Schmettern: 1. . . . .

       2.   3. . . . .

       4.   5. . . . .

II. Zeichne die Aufstellung einer 4-er Mannschaft, die die Aufgabe vom Gegner erwartet.
    Netz

Zeichne die Aufstellung der Mannschaft im Spiel.
Netz

III. Kreuze an, ob die folgenden Aussagen richtig oder falsch sind.

<u>richtig</u>   <u>falsch</u>

O   1. Bei der Aufgabe darf ein Fuß die Grundlinie berühren.   O

O   2. Der Ball darf 3 mal von einer Mannschaft gespielt werden und muß dann über das Netz.   O

O   3. Wenn man das Aufgaberecht erhält, wechseln alle Spieler eine Position weiter entgegen der Uhrzeigerrichtung ("links herum").   O

O   4. Eine Mannschaft hat einen Satz gewonnen, wenn sie 15 Punkte und mindestens 2 Punkte Vorsprung vor dem Gegner hat.   O

2. BILDREIHEN

2.1 Aufgeben

1

Fehlerbilder:

2.2 Baggern

1

2   3   4

5   6   7

Fehlerbilder:

1   2   3   4

2.3 Pritschen

1

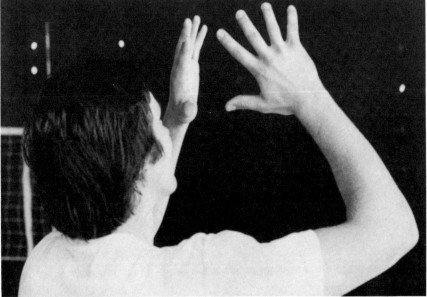

2

3   4   5   6

7   8   9   10

Fehlerbilder:

1   2   3   4

3. BEWEGUNGSABLÄUFE
3.1 Aufgeben

1

2

3

4

Anmerkungen zur Bildtafel: BEWEGUNGSABLAUF AUFGEBEN

Bild	Phase	Bemerkungen
1	Vorbereitung	Blick auf den Zielpunkt Aufstellung hinter der Grundlinie
2	vor der Ballberührung (Ausholphase)	Oberkörper gut vorgebeugt Ball wird vor der rechten Körperseite gehalten (Sch. ist übergetreten)
3, 4	kurz vor der Ballberührung	Ball wurde mit linker Hand geworfen, der rechte Arm schwingt vor (gut gestreckt)

3.2 Baggern

1   2   3

4   5   6

Anmerkungen zur Bildtafel: BEWEGUNGSABLAUF BAGGERN

Bild	Phase	Bemerkungen
1	Vorbereitung	Ballbeobachtung
2		Einnahme der Ausgangsstellung
3, 4	vor der Ballberührung	Streckphase beginnt (Arme gut vorgestreckt)
5	kurz nach der Ballberührung	weitere Körperstreckung ohne Armschwung
6	nach der Ballberührung	volle Körperstreckung (Schultern hochgezogen)

3.3 Pritschen

1   2   3

4   5   6

Anmerkungen zur Bildtafel: BEWEGUNGSABLAUF PRITSCHEN

Bild	Phase	Bemerkungen
1	Vorbereitung	Ballbeobachtung
2		Einnahme der Ausgangsstellung
3	vor der Ballberührung	tiefe Schrittstellung, Hände in Augenhöhe
4	Ballberührung	während der Streckphase, nur mit den Fingerspitzen (für frontales Pritschen ist der Ball zu weit über dem Kopf)
5	nach der Ballberührung	weitere Körperstreckung (Hände werden dem Ball in Flugrichtung nachgeführt — gut sichtbar) (Sch. streckt die Beine zu wenig)
6	nach der Ballberührung	Ausklingen der Streckphase

3.4 Schmettern

1   2   3   4

5   6   7   8

Anmerkungen zur Bildtafel: BEWEGUNGSABLAUF SCHMETTERN

Bild	Phase	Bemerkungen
1	Vorbereitung	Ballbeobachtung
2	vor der Ballberührung	Beginn des Anlaufs
3	Absprung	Stemmschritt (gut sichtbares Schwung-holen mit den Armen)
4	Ausholen	(nicht vollständige Bogenspannung)
5, 6	Ballberührung	mit der offenen Hand, gut gestreckter Arm
7, 8	nach der Ballberührung	beidbeinige Landung weiches Abfedern

4. EINSATZ VON LERNHILFEN

4.1 Baggern vom kleinen Kasten

1   2   3

4   5

Anmerkungen zur Bildtafel: BAGGERN VOM KLEINEN KASTEN

Bild	
1	Ausgangsstellung: Spieler sitzt auf der Ecke des Kastens in Schrittstellung
2, 3	beginnt die Körperstreckung mit weit vorgestreckten Armen (90° zur Körperachse)
4	bei der Ballberührung bleiben die Arme vollständig gestreckt (Winkel zur Körperachse wird kaum verändert)
5	vollständige Körperstreckung vollzogen

Durch die Ausrichtung auf das „Aufstehen" vom Kasten bleibt der Armzug weitgehend aus (für diese Übung muß exakt in leichtem Bogen zugeworfen werden).

4.2 Pritschen: Ball gegen die Wand drücken

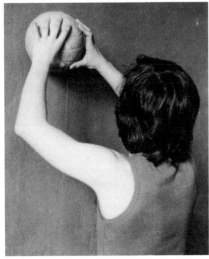

1

2

Anmerkungen zur Bildtafel:
PRITSCHEN: BALL GEGEN DIE WAND DRÜCKEN

Die Sch. halten den Ball in der richtigen Arm- und Fingerhaltung locker an der Wand (Bild 1).
Dann wird mit den Fingerspitzen und einer leichten Armstreckung der Ball gegen die Wand gedrückt (Bild 2) (Hinweis: Finger sollen gestreckt bleiben und elastisch federn).

4.3 Pritschen: Ziel — Basketballkorb, Einzelübung

1

2

3

4.4 Pritschen: Ziel — Basketballkorb, nach Zuspiel

1

2

4.5 Skizze: Feldaufstellung im Kleinfeld

a) bei gegnerischer Aufgabe:

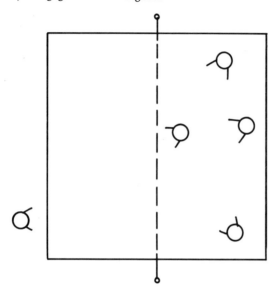

b) während des Spiels:

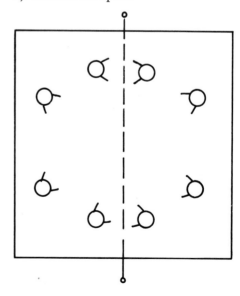

4.6 Positionsmarkierungen zur Feldaufstellung
   (bei gegnerischer Aufgabe)

1 2

3

4.7 Schmettern: Anlauf- und Absprunglinie

0,5 m   2 m

1

2

5. ÜBUNGSFORMEN

5.1 Pritschen: Unter den aufgeprellten Ball laufen

1   2   3

4   5

Anmerkungen zur Bildtafel:
PRITSCHEN:
UNTER DEN AUFGEPRELLTEN BALL LAUFEN

Der Sch. wirft den Ball mit beiden Händen hoch (Bild 1, 2),
läßt den Ball aufprellen (Bild 3),
läuft unter den wieder absinkenden Ball (Bild 4)
und spielt den Ball senkrecht hoch (Bild 5).
Vor allem auf Bild 4 wird deutlich sichtbar, daß der Sch. bei dieser Übung mit einem Ausfallschritt schnell unter den Ball laufen und aus einer tiefen Stellung den Ball hochpritschen muß.

5.2 Pritschen mit Richtungsänderung (im Dreieck)

1

2

3

5.3 Schmettern: Gehaltener Ball

1

2

3

5.4 Schmettern: Einzelübung an der Wand

1

2

3

4

5.5 Komplexübung: Dreiecksspiel mit Nachlaufen

1

2

3

Literaturverzeichnis

ANDRESEN, R.: Volleyball. Technik — Training — Taktik. Berlin 1975.
BLOSSFELDT, E.: Volleyball. 333 Praktische Übungen. Frankfurt/M. 1974[3].
Der hessische Kultusminister: Rahmenrichtlinien. Sport 1974. Frankfurt/M. 1974.
Der hessische Kultusminister: Unterrichtsmaterialien. Sport, 2. Spiele. Frankfurt/M. o. J.
Deutscher Volleyball-Verband (Hrsg.): Internationale Volleyball-Spielregeln. Schorndorf 1975[12].
DÖBLER, H.: Abriß einer Theorie der Sportspiele. (Manuskript für Fernstudenten der Deutschen Hochschule für Körperkultur, Leipzig.) Berlin 1969.
DÜRRWÄCHTER, G.: Volleyball. Spielend lernen — Spielend üben. Schorndorf 1975[6].
DÜRRWÄCHTER, G.: Volleyball. Spielnah trainieren. Schorndorf 1974.
FIEDLER, M. u. a.: Volleyball. Berlin 1969.
FORTENBACHER, H. u. a.: Unterrichtsmodell Volleyball (Grundmodell). Unveröffentlichtes Manuskript. Hamburg o. J.
Freie und Hansestadt Hamburg. Behörde für Schule, Jugend und Berufsbildung (Hrsg.): Richtlinien und Lehrpläne, Band III Sport. Hamburg o. J. (1973).
FRÖHNER, B. u. a.: Volleyball. Berlin 1974.
HARTMANN, H.: Untersuchungen zur Lernplanung und Lernkontrolle in den Sportspielen (Modellbeispiel III). Eine exemplarische Darstellung am Volleyball-Anfängerunterricht in der Schule. Schorndorf 1973.
HERZOG, K.: Volleyball. Bewegungsabläufe in Bildern (Hrsg.: Team-L-Volleyball). Dülmen 1975 (jetzt Philippka-Verlag, Ewerswinkel).
KOCH, K. (Hrsg.): Sportkunde. Schorndorf 1976[2].
KOCH, K./SÖLL, W.: Stundenmodelle für alle Altersstufen. Schorndorf 1973[2].
KOCH, K./MIELKE, W.: Die Gestaltung des Unterrichts in der Leibeserziehung, Teil I. Schorndorf 1974[4].
KOCH, K. (Hrsg.): Motorisches Lernen — Üben — Trainieren. Schorndorf 1972.
LANG, H.: Volleyball. Vorbereitung und Entwicklung des Schmetterschlages unter Verwendung von Tennisbällen. In: Praxis der Leibesübungen 16 (1975) 7, 123—125.
LÜDTKE, H.: Freizeit in der Industriegesellschaft (Hrsg.: Landeszentrale für politische Bildung, Hamburg). Hamburg 1975.
MEYNERS, E.: Curriculare Unterrichtsplanung im Sport. In: Turnen + Sport 49 (1975) 2, 26—28 und 49 (1975) 3, 52—54.
RÖSCH, H.-E./LAUTWEIN, T.: Praxis des Sportunterrichts. Freiburg 1973.
VLEMINCKX, J./WITVROUW, S.: Bewegingsopvoeding door Volleybal (Hrsg. Niederländisches Kultusministerium). Brussel 1969.
ZEIGERT, J.: Volleyball für Schule und Verein. Frankfurt/M. 1973[4].

Anschrift des Verfassers

Gerhard Paap, StRt.
Sierichstraße 76
2000 Hamburg 60

ARBEITSSTREIFEN
Super-8-mm-Filme für den Sportunterricht

Audiovisuelle Lernmittel
für Volleyball

5 Arbeitsstreifen Mini-Volleyball

Nr. 36 0707	Vom Grundspiel zum Wettspiel	sw	4,5 min
Nr. 36 0708	Spielreihe zum oberen Zuspiel (Pritschen)	sw	4,0 min
Nr. 36 0709	Spielreihe zum unteren Zuspiel und zur Aufgabe	sw	5,0 min
Nr. 36 0710	Spielreihe zum Angriffsschlag	sw	4,5 min
Nr. 36 0711	Wettkampfspiel	sw	4,0 min

6 Arbeitsstreifen zur Technik des Volleyballspiels

Nr. 36 0712	Oberes Zuspiel I (Pritschen)	sw	3,5 min
Nr. 36 0713	Oberes Zuspiel II (Pritschen)	sw	4,0 min
Nr. 36 0714	Unteres Zuspiel (Bagger)	sw	5,0 min
Nr. 36 0715	Aufgabe	sw	4,5 min
Nr. 36 0716	Angriffsschlag	sw	5,0 min
Nr. 36 0717	Block	sw	4,5 min

7 Arbeitsstreifen zur Taktik des Volleyballspiels

Nr. 36 0819	Riegelformationen, Angriffsaufbau, Sicherung I	sw	4,5 min
Nr. 36 0820	Riegelformationen, Angriffsaufbau, Sicherung II	sw	5,0 min
Nr. 36 0821	Angriffskombinationen I	sw	4,5 min
Nr. 36 0822	Angriffskombinationen II	sw	5,0 min
Nr. 36 0823	Block- und Feldabwehr	sw	5,0 min
Nr. 36 0824	Spielsystem 2 : 4	sw	5,0 min
Nr. 36 0825	Spielsystem 1 : 5	sw	5,0 min

Sämtliche Arbeitsstreifen sind nur beim

VERLAG KARL HOFMANN, Abt. AV-Versand
7060 Schorndorf, Postfach 1360, erhältlich.

BEITRÄGE ZUR LEHRE UND FORSCHUNG IM SPORT

HERAUSGEGEBEN VOM AUSSCHUSS DEUTSCHER LEIBESERZIEHER